Marcel Reich-Ranicki und
"Das Literarische Quartett"
im Lichte der Systemtheorie

von

Elke Hussel

Tectum Verlag
Marburg 2000

Die Deutsche Bibliothek - CIP-Einheitsaufnahme

Hussel, Elke:
Marcel Reich-Ranicki und "Das Literarische Quartett"
im Lichte der Systemtheorie
/ von Elke Hussel
- Marburg : Tectum Verlag, 2000
ISBN 3-8288-8166-1

© Tectum Verlag

Tectum Verlag
Marburg 2000

Meinen Eltern, ohne deren unermüdliche Unterstützung vieles nicht denkbar wäre.

Vorwort 7

I. Einleitung 9

II. Allgemeine systemtheoretische Voraussetzungen 13
    II.1. Funktionale Ausdifferenzierung 13
    II.2. Beobachtungen 14
    II.3. Für die Untersuchung relevante Funktionssysteme 18
        II.3.1. Das Funktionssystem "Wirtschaft" 19
        II.3.1.1. Grundzüge des systemtheoretischen Modells 19
        II.3.1.2. Tendenzen und Zahlen 21
        II.3.2. Das Funktionssystem "Kunst" 26
        II.3.3. Das Funktionssystem "Massenmedien" 32
        II.3.4. System Mensch 37
        II.3.5. Zwischenbilanz 39
    II.4. Exkurs I: Auffassungen vom Literaturbetrieb als System 40

III. Sendungsanalyse des "Literarischen Quartetts" und systemtheoretische Interpretation der Ergebnisse 43
    III.1. Formale Aspekte 43
        III.1.1. Aufbau 43
        III.1.2. Gestaltung der filmsprachlichen Ebene 47
        III.1.3. Die Kategorien "Raum" und "Zeit" im
        "Literarischen Quartett" 52
        III.1.3.1. Raum 53
        III.1.3.2. Zeit 55
    III.2. Inhaltliche Aspekte 58
        III.2.1. Darstellung von Buchinhalten 59
        III.2.2. Der kommunikative Rahmen 61

III.2.3.	Exkurs II: Wertungskriterien der Literaturtheorie	63
III.2.4.	Bedeutung von literarischer Wertung für die Sendung	67
III.2.5.	Akteure vor der Kamera	71

IV. Fazit ... 77

V. Anhang ... 80
    V.1. Kommunikationsniveaumodell nach Kahrmann ... 80
    V.2. Literaturverzeichnis ... 102
        V.2.1. Sekundärliteratur ...
        V.2.2. Verzeichnis der 1996 im „Literarischen Quartett" besprochenen Bücher ...

VORWORT

Die Analyseergebnisse dieses Buches basieren auf den Ausstrahlungen des „Literarischen Quartetts" im Jahr 1996. Der unbestrittene Hauptakteur dieses medialen Spektakels, Marcel Reich-Ranicki, erhielt im Februar 2000 die „Goldene Kamera" für sein erfolgreiches Bemühen, Freunde der Literatur vor dem Fernseher zu begeistern und gleichzeitig genuines Fernsehpublikum in Buchläden zu locken. Wer sich für die Privatperson Ranickis interessiert, kann inzwischen auf seine Ende 1999 erschienene Autobiografie zurückgreifen, die bereits eine halbe Million mal verkauft wurde.

Vor dem Hintergrund dieser aktuellen Ereignisse bleibt nach wie vor die Frage interessant, nach welchen Prinzipien Literaturkritik eigentlich funktioniert und woher sie ihre Daseinsberechtigung bezieht. Das vorliegende Buch versucht, unter einer systemtheoretischen Perspektive darauf zu antworten.

Hamburg, Juni 2000   Elke Hussel

I. EINLEITUNG

"Was ein Literaturkritiker macht, weiß jeder. Er liest die neuen (und manchmal auch die alten) Bücher der Autoren und gibt über sie öffentlich und gegen Bezahlung sein Urteil ab."[1] Eindeutige Kriterien dafür, wer sich zur Gilde der Rezensenten zählen darf, existieren dabei nicht. Wichtigste Voraussetzung scheint es vielmehr zu sein, für das, was der Literaturkritiker zu rezensieren beabsichtigt, ein Forum in der Öffentlichkeit zu finden. Die Vorstellungen von der Funktion eines gesellschaftlich legitimierten Kritikers reichen dabei vom ersten Vorleser, der "zwischen dem unübersehbaren Angebot an literarischen Neuerscheinungen und der unspezifischen Neugierde des Lesers"[2] vermitteln soll, über eine sozial anerkannte (Vor-) Strukturierung des Bücherwaldes bis hin zur Unterhaltung. Wenn Literatur als Instrument zur Steuerung eines lesenden Publikums begriffen wird, kommt unter dieser Perspektive der Literaturkritik eine Mittlerfunktion zu.

Weiterhin wird von literarischer Kritik gefordert, sie müsse "Rechenschaft über den künstlerischen und menschlichen Wert eines Werkes"[3] geben, zu ihrer ursprünglichen Form als Wertung[4] zurückkehren, zur Verständigung über die Bedeutung von Literatur in der Gegenwart[5] beitragen oder aktualisierbare Bedeutungsschichten[6] im einzelnen Kunstwerk freilegen. Andererseits ist davon die Rede, daß Kritik ihren Anspruch aufgeben mußte, "die philosophische, ästhetische und historische Debatte aufzunehmen, zu verarbeiten und damit selbst ein Teil von ihr zu sein."[7]

"An den Polen der Diskussion um den Stellenwert der Literaturkritik wird ihr einerseits ein Einfluß unterstellt, der einem Werturteilsdiktat auf dem Buchmarkt gleichkommt, andererseits wird ihr mangels Funktion und

---

[1] Beckermann, Kritiker etc., In: Über Literaturkritik. S.78.
[2] a.a.O., S.80.
[3] Kayser, Kleines literarisches Lexikon, S.136.
[4] vgl. Wellek, Kritik als Wertung, S.331.
[5] vgl. Irro; ...und wollten zueinander nicht finden. In: Über Literaturkritik. S.96.
[6] vgl. Lorenz, Literatur als Gespräch. In: Über Literaturkritik, S.104.
[7] Irro, a.a.O., S.91.

Wirkung alle Daseinsberechtigung abgesprochen."[8] Meist werden Meinungen verhandelt und verschiedene Ansichten zur Funktion von Literatur und deren Kritik dargestellt. Andere Ausführungen zum Thema gestehen der Literaturkritik eine sich selbst genügende Existenz zu und erwarten eine Kritik als Literatur, aus der heraus man nicht nur urteilen, sondern auch das Urteil genießen kann. Eine solche Kritik würde sich zwar an Anlässen entzünden, aber aus eigenem Recht und dem Bewußtsein leben, selbst ein Kunstwerk zu sein.[9]

Hier erfolgt schon eine Annäherung an das Thema dieser Untersuchung, denn mit den Schlagworten: Unterhaltung, Information und Kunst werden bereits verschiedene Systembezüge angedeutet.

Anders als die konventionellen Ansätze der Literaturwissenschaft soll hier der Frage nach der Bedeutung von Literaturkritik unter einer systemtheoretischen Perspektive nachgegangen werden, wobei immer, wenn von Literaturkritik die Rede ist, eine Buchbesprechung im Fernsehen gemeint ist. Denn anders als der französische Begriff "critique" und der englische "criticism" umfaßt der deutsche "Kritik"-Begriff nicht die Gesamtheit literarischer Reflexionen, also wissenschaftliche und essayistische Betrachtungen ebenso wie poetologische und ästhetische Überlegungen der Autoren selbst, sondern beschränkt sich auf eine Buch- und Literaturbesprechung zumeist essayistischer Art.[10]

Die speziell systemtheoretische Fragestellung lautet nun: Durch welche Mechanismen legitimiert das "Literarische Quartett" seine Existenz und operiert damit in welchen gesellschaftlichen Funktionssystemen? Kann man heute noch von einer gesellschaftlich notwendigen Funktion der Literaturkritik sprechen, und wie könnte diese systemtheoretisch begründet werden? Agiert das "Literarische Quartett" möglicherweise in verschiedenen gesellschaftlichen Funktionssystemen und sichert sein Fortbestehen dadurch mehrfach ab? Und wenn es, wie die Systemtheorie lehrt, einzig

---

[8] Machinek, Wozu Literaturkritik?, In: Über Literaturkritik. S.83.
[9] vgl. Dittberner, Über M.R-R., In: Über Literaturkritik. S.11.
[10] vgl. Kesting, Buch-Kritik, S.217.

um die Erhaltung von Anschlußoperationen geht, welche Rolle spielt dann das beurteilende, hierarchisierende Moment der Literaturkritik?

Zur Beantwortung dieser Fragen erscheint folgendes Vorgehen als zweckmäßig: Nach einer Skizzierung systemtheoretischer Annahmen werden durch eine Sendungsanalyse Spezifika der im Fernsehen ausgestrahlten Literaturkritik herausgearbeitet und in einem nächsten Schritt systemtheoretisch interpretiert. Dabei wird auf die Austrahlungen des "Literarischen Quartetts" im Jahr 1996 Bezug genommen.

II. ALLGEMEINE SYSTEMTHEORETISCHE VORAUSSETZUNGEN

Im Wesentlichen sollen in dieser Arbeit die systemtheoretischen Ausführungen von Niklas Luhmann zugrunde gelegt werden. Es erscheint allerdings sinnvoll, an dieser Stelle einige für die späteren Darstellungen relevante theoretische Annahmen kurz zu skizzieren und unter dem Blickwinkel der Fragestellung zu ordnen.

II.1. Funktionale Ausdifferenzierung

Die moderne Gesellschaft bildet auf der Basis ihrer Funktionen Subsysteme, und zwar so, daß die Ausdifferenzierung der primären gesellschaftlichen Subsysteme an jeweils einer Funktion orientiert wird. Im Ergebnis entstehen Funktionssysteme[11], die Erwartungen ordnen und zur Bewältigung zugespitzter Kommunikationsprobleme dienen. Da nach dem konstruktivistischen Ansatz von Luhmann Kommunikation keine immanente Tendenz zum Konsens besitzt[12], erhöht das Agieren in Funktionssystemen - und damit das Seligieren unter dem gleichen Code - die Wahrscheinlichkeit erfolgreicher, das heißt anschlußfähiger Kommunikation.

Unter einem System wird dabei eine lose Anordnung von Elementen (Operationen) verstanden, die unter den Bedingungen der Strukturdeterminiertheit, Autonomie und operativer Geschlossenheit existieren. Oder anders gesagt: "Von sozialen Systemen kann man immer dann sprechen, wenn Handlungen mehrerer Personen sinnhaft aufeinander bezogen werden und dadurch in ihrem Zusammenhang abgrenzbar sind von einer nicht dazugehörenden Umwelt."[13]

---

[11] Wenn im folgenden davon die Rede sein wird, wodurch sich Systeme auszeichnen, wie sie operieren usw. meint eine solche Formulierung immer, daß im Rahmen eines systemtheoretischen Modells dem Konstrukt System eine Eigenschaft oder ein bestimmter Operationsmodus zugeschrieben wird.
[12] vgl. z.B. Künzler, Medien etc., S.78: Mit zunehmender Interaktionsentfernung sinkt die Wahrscheinlichkeit, überhaupt einen Adressaten zu erreichen. Zweitens ist nicht gesichert, daß Ego versteht, was Alter meint und drittens auch noch dessen Selektionsinhalt als Prämisse eigenen Verhaltens übernimmt.
[13] Luhmann, Interaktion. S.9.

Mit dem Übergang von einer ständisch geordneten zu einer funktional differenzierten, sehr komplexen Gesellschaft bildeten sich schrittweise Funktionen aus, die sich in Form eigenständiger sozialer Systeme organisierten. Dieser Umbau des Gesellschaftssystems von stratifikatorischer in funktionale Systemdifferenzierung hat tiefgreifende Veränderungen der Art und Weise erzeugt, wie Gesellschaft die Kontinuität ihrer eigenen Reproduktion ermöglicht, wie Handlungen an Handlungen angeschlossen werden. Die fehlende Definition durch eine Positionierung im Schichtensystem macht es zunehmend schwieriger, Einzelpersonen oder Teilsysteme in sozialen Strukturen zu verankern. Vielmehr muß davon ausgegangen werden, daß die zunächst als sozial ortlos geltenden Teilsysteme ihre eigene Differenz zur Umwelt schaffen und dabei durchaus in verschiedenen Funktionssystemen agieren können. Ob sich diese Aussage auch auf das Phänomen "Literarisches Quartett" beziehen läßt, soll Gegenstand der vorliegenden Untersuchungen sein.

II.2. Beobachtungen

Eine Operation, also eine Transformation von Element zu Element, die eine Unterscheidung verwendet, um innerhalb dieser Unterscheidung die eine oder die andere Seite bezeichnen zu können, versteht Luhmann als Beobachtung. Beobachten ist damit die Operation des Bezeichnens anhand einer Unterscheidung,[14] und umfaßt sowohl Erleben als auch Handeln, denn beides ist auf Unterscheiden und Bezeichnen angewiesen. "Zum Begriff gehört auch, daß die andere Seite der Unterscheidung mitrepräsentiert wird, so daß das Bezeichnen der einen Seite für das operierende System zur Information wird nach dem allgemeinen Muster: dies-und-nicht-etwas-anderes..."[15]
Und schließlich soll nur dann von Beobachtungen die Rede sein, wenn eine rekursive Vernetzung das Unterscheiden und Bezeichnen motiviert - "und zwar teils durch vorherige Beobachtungen, also durch Gedächtnis, und teils durch Anschlußfähigkeit, das heißt durch einen Vorausblick auf das, was man damit anfangen kann [...]; also welche Möglichkeiten die

---

[14] vgl. z.B. Luhmann, Kunst, S.94.
[15] Luhmann, Kunst. S.99.

Beobachtung erschließt oder auch verschließt. Insofern ist Beobachtung immer [...] Operation eines beobachtenden Systems."[16]
Dabei gibt es in der postmodernen Gesellschaft - und das gilt auch für diese Arbeit - weder legitimierte Systeme noch privilegierte Plätze für ein richtiges Beobachten. Wenn also die Beobachtung der Welt unmöglich ist, weil die Welt als solche nicht bezeichnet werden kann, dann tritt an die Stelle dessen das Beobachten der Beobachter, die Beobachtung zweiter Ordnung.

Während das Beobachten von Sachverhalten als Beobachtung erster Ordnung gilt, definiert sich eine Beobachtung zweiter Ordnung als Beobachtung von Beobachtungen. Als Operation betrachtet, stellt auch eine Beobachtung zweiter Ordnung ein Beobachten auf der Ebene erster Ordnung dar: nämlich Unterscheiden und Bezeichnen von etwas, was man als Beobachtung unterscheiden kann. "Die Aussage, ein Beobachter zweiter Ordnung sei immer auch ein Beobachter erster Ordnung, ist nur eine andere Formulierung für die geläufige These, daß die Welt nicht von außen beobachtet werden kann"[17] und die Beobachtung selbst beobachtbar bleibt.

Bei Beobachtungen 2. Ordnung "handelt es sich um ein Netzwerk, das selbst eines seiner Elemente ist, von denen jedes einzelne in heterarchischen Beziehungen zu allen anderen steht, die aller linearen und transitiven Logik spotten. Die Zirkularität oder, mit Heinz von Foerster, der Verlust eines Freiheitsgrades, ist das 'Gesetz' der Relationierung dieser Elemente: Es kann geschehen, was will, wenn nur jedes Ende zugleich ein Anfang ist. Notwendigkeit liegt nicht in dem, was geschieht, sondern zugleich restriktiver und permissiver nur darin, daß etwas geschieht."[18]

Wenn die moderne Gesellschaft auf absolute Geltungsansprüche verzichtet, akzeptiert sie die Kontingenz aller Kriterien und aller möglichen Beobachterpositionen[19] und deren blinde Flecken. Denn hier liegt das Problem: Ein beobachtendes System sieht nur das, was es selbst unterscheiden

---

[16] Luhmann, Kunst. S.100.
[17] a.a.O., S.95.
[18] vgl. Baecker, Kybernetik zweiter Ordnung. In: Foerster, Wissen. S.19f.
[19] vgl. Luhmann, Massenmedien, S.209.

kann. Oder wie Heinz von Foerster formuliert, der Beobachter sieht nicht, was er nicht sieht.[20] Die Lösung besteht in der Beobachtung zweiter Ordnung, die nur beobachtet, wie beobachtet wird. "Mit dem Übergang zur 'Wie'-Frage ergibt sich zugleich eine charakteristische Differenz zwischen Beobachtung erster und zweiter Ordnung. Der Beobachter erster Ordnung konzentriert sich auf das, was er beobachtet, und erlebt bzw. handelt in einem Horizont relativ geringer Information. [...] Der Beobachter zweiter Ordnung sieht dagegen die Unwahrscheinlichkeit des Beobachtens erster Ordnung"[21] und kann dort Kontingenz feststellen, wo der Beobachter erster Ordnung glaubt, einer Notwendigkeit zu folgen. Erst der Beobachter zweiter Ordnung sieht, daß der Beobachter erster Ordnung Komplexität reduziert.

"Selbst wenn in stark moralisierten Bereichen mit starken Bindungen und aufgeladener Emotionalität zu rechnen ist, kann die Kybernetik zweiter Ordnung immer noch fragen: warum unterscheidet ihr gerade so und nicht anders, oder wieder: wer ist der Beobachter, der gerade diese Schemata zu oktroyieren versucht."[22]

Bei allen Funktionssystemen handelt es sich um operativ geschlossene Systeme, die unterscheiden, worüber sie kommunizieren, aber für sich selbst als Beobachter unsichtbar bleiben. Beispielsweise "operiert das System der Massenmedien, empirisch gesehen, nicht auf der kognitiv geschlossenen Ebene der Kybernetik zweiter Ordnung. Es unterscheidet zwar Selbst- und Fremdreferenz. In fremdreferenzieller Einstellung berichtet es über Tatsachen und Meinungen. Das schließt die Möglichkeit ein, Beobachter zu beobachten. Insofern kommt es zu der in der modernen Gesellschaft üblichen Beobachtung zweiter Ordnung. Aber das führt nur in den infiniten Regreß der Frage, welcher Beobachter nun dies wieder beobachtet. Es kommt im System selbst nicht zu der Abschlußfigur des doppelsinnigen 'observing systems', nämlich zu der autologischen Einsicht, daß das, was für Beobachter gilt, auch für das beobachtende System gilt."[23]

---

[20] vgl. Baecker, Kybernetik zweiter Ordnung. In: Foerster, Wissen. S.19.
[21] Luhmann, Kunst. S.103.
[22] vgl. Luhmann, Massenmedien, S.211.
[23] a.a.O., S.209.

Eine weitere Verdeutlichung aus dem Wirtschaftssystem soll diese Überlegungen abschließen: Ein Produzent, in unserem Fall ein Verleger, agiert unter dem Sinn des Wirtschaftssystems. Trotzdem und gerade dadurch bleiben Anschlußhandlungen kontingent - eine zukünftige Entwicklung ist nur bedingt vorhersehbar. Die Motivation zum Konsum liegt nicht nur im Wirtschaftssystem und kann deshalb vom Produzenten nur eingeschränkt beobachtet und beeinflußt werden. Also orientiert er sich an eigenen Erfahrungsreihen. Wenn Produzenten den Markt beobachten, beobachten sie sich selbst und ihre Konkurrenten. "Die Undurchsichtigkeit der Konsummotive wirkt wie ein Spiegel, der den Blick auf die Produktion zurückwirft."[24] Bestimmte Selbstbestätigungsstrategien des Produzenten dienen ihm als Substitut für Kenntnisse über Konsumbereitschaft. "Das gilt für Werbung, das gilt für artifizielle Produktunterscheidungen, das gilt für Namen und Formen von Markenartikeln. Vor allem der inzwischen voll entwickelte Stil der Werbung bestätigt diese Analyse: man gibt sich formal friedlich, man argumentiert nicht, man formuliert sein Produkt."[25]

Was bedeuten nun diese Beobachtungen für die vorliegende Arbeit?
Die Spaltung des Autonomiebegriffs gibt darauf Antwort: Von der autopoietischen Autonomie, die auf operativer Schließung beruht und besagt, daß das System seine eigenen Strukturen und Operationen nur mit eigenen Operationen, also nur aus eigenen Elementen reproduzieren kann, ist die kognitive Autonomie zu unterscheiden. Sie unterstellt, daß das System bei all seinen Kognitionen mitbeobachtet, daß es sich nur um eigene Beobachtungen handelt. Die Frage nach dem Beobachter wird nun auch auf das beobachtende System angewandt.[26]

Dementsprechend sollen hier die Beobachter von Literatur, die Kritiker, in ihrem Vorgehen beobachtet und die Übereinstimmung ihrer Aktionen mit Kommunikationsmustern bestimmter gesellschaftlicher Funktionssysteme nach Luhmann überprüft werden.

---

[24] Luhmann, Wirtschaft, S.108.
[25] a.a.O., S.109.
[26] vgl. Luhmann, Massenmedien, S.207.

Dabei wird dem Konzept des Beobachtens von Beobachtungen insofern Rechnung getragen, daß auch die vorliegende Untersuchung ständig zu berücksichtigen hat, inwieweit ein Messen an Selektionskriterien verschiedener Systeme eine unterschiedliche Beurteilung des gleichen Sachverhaltes ergeben kann: Der dogmatisch erhobener Zeigefinger eines Fernsehkritikers würde möglicherweise dem Verständnis des Kunstsystems zuwiderlaufen, aber mit den Kriterien der Massenmedien gemessen, zumindest einen Unterhaltungseffekt bescheinigt bekommen. Auch die in dieser Arbeit angestrebte Zuordnung des "Literarischen Quartetts" zu Funktionssystemen kann nur von einem bestimmten Standpunkt aus erfolgen, dessen Perspektive konkrete Maßstäbe bereitstellt, die aber natürlich auch ihre blinden Fleck hat. Deshalb soll hier versucht werden, durch die Veränderung des Blickwinkels, durch eine Verlagerung des Beobachterstandpunktes in die verschiedenen Funktionssysteme: Kunst, Wirtschaft und Massenmedien dieses Nicht-Sehen zu minimieren, wobei ein Beobachter leicht erkennen kann, daß auch ein Agieren im Funktionssystem der Wissenschaft mit Sichteinschränkungen verbunden ist.

Und nicht zuletzt ist es auch Ziel dieser Arbeit, den beobachtenden Leser durch das Kommunikationsangebot "Buch" hinreichend zu motivieren, die hier vorgestellten Selektionen nachzuvollziehen und seinerseits durch Anschlußhandlungen zu würdigen.

II.3. Für die Untersuchung relevante Funktionssysteme

Verschiedene inhaltliche und strukturelle Merkmale von Literaturkritik im Fernsehen legen die Vermutung nahe, daß hier Selektionsmechanismen aus unterschiedlichen Funktionssystemen zur Anwendung gelangen. Um aber die Frage nach der systemtheoretischen Einordnung des hier zu behandelnden Phänomens beantworten zu können, ist es sinnvoll, zunächst Spezifika der einzelnen Funktionssysteme herauszuarbeiten und damit kenntlich zu machen.

Erstens - und so banal es auch klingen mag - thematisiert das "Literarische Quartett" literarische Werke. Dabei handelt es sich beim einzelnen Buch um ein - im Unterschied zu natürlichen Dingen - hergestelltes Objekt, dem zunächst auch kein externer Nutzen zugeschrieben werden muß, und damit um ein Kunstwerk[27] im Luhmannschen Sinne. Um diese Überlegungen fortzuführen, ist es notwendig, das Funktionssystems "Kunst" kurz zu skizzieren.

Zweitens bewegt sich der Literaturkritiker, gemeinsam mit anderen Instanzen des Literaturbetriebes, auf einem finanzkapitalistisch organisierten Markt, auf dem literarische Produkte nach denselben Prinzipien wie andere Waren auch verkauft werden. Um konkrete ökonomische Maßstäbe benennen zu können, muß also auch einiges zum Funktionssystem "Wirtschaft" ausgeführt werden.

Drittens unterliegen Kritiker, Lese- und Fernsehpublikum massenmedialen Einflüssen, die es rechtfertigen, auch einige Spezifika des Funktionssystems "Massenmedien" zu benennen. In diesem Zusammenhang soll auch kurz auf das "System Mensch" eingegangen werden.

Natürlich existieren ebenso Verflechtungen zwischen Literaturbetrieb und weiteren Funktionssystemen wie Wissenschaft, Politik, Religion oder Erziehung. Aus Gründen der Überschaubarkeit sollen diese hier aber vernachlässigt und der Schwerpunkt auf die systemtheoretischen Modelle der Wirtschaft, Kunst und der Massenmedien gelegt werden.

II.3.1. Das Funktionssystem "Wirtschaft"
II.3.1.1. Grundzüge des systemtheoretischen Modells

Die autopoietische Reproduktion des Wirtschaftssystems bedient sich des Kommunikationsmediums Geld und codiert die Operationen des Systems anhand der Unterscheidung, ob eine Zahlung geleistet wird oder nicht.[28] Dabei besteht die Funktion des Wirtschaftssystems in der "Vorsorge für die Befriedigung zukünftiger Bedürfnisse, und dies geschieht eben dadurch, daß jede Zahlung die Zahlungsfähigkeit weitergibt."[29]

---

[27] Luhmann, Kunst der Gesellschaft, S.77.
[28] vgl. Luhmann, Wirtschaft, S.131.
[29] a.a.O., S.132.

Das Betriebsmotiv liegt in der Annahme von Geld zur weiteren Verwendung desselben. Geld wird ausgegeben, "wenn und soweit eine hinreichende Aussicht besteht, daß genau dadurch Geld wieder eingeht."[30] Bücher werden beworben, um sie in höherer Auflage zu verkaufen; publikumswirksame Kritiker engagiert, um die Einschaltquote zu steigern.

Geld löst als symbolisch generalisiertes Kommunikationsmedium das Problem der doppelten Kontingenz im Wirtschaftssystem, Geld verleiht den einzelnen, immer unwahrscheinlicher werdenden Selektionen einen Motivationswert für andere. Auch Kritiker und Autoren befassen sich mit vorgegebenen Themen, weil sie zurecht erwarten können, daß sie dafür mit Geldsymbolen entschädigt werden. Heute überwiegen die Auftragsarbeit und der lohnabhängige Autor, der nicht vom Verkauf seiner Produkte, sondern von seiner Arbeitskraft lebt.[31] Lokalisiert man den Kritiker im Wirtschaftssystem, dann erscheint als sinngebendes Moment seiner Handlungen die finanzielle Existenzsicherung, während man als Motivation im Kunstsystem wohl eher eine produktionsorientierte Kreativität unterstellen darf. Diese zusätzliche Orientierung an nicht-ökonomischen Werten bleibt möglich, weil die zunächst ausgeschlossenen Drittwerte auf der Ebene der Programme des Wirtschaftssystems Berücksichtigung finden können.[32] Im Unterschied zum Sinn, der sich auf die Struktur des Systems bezieht, können Programme, die den Inhalt der Operationen betreffen, systemübergreifend Anwendung finden. Programme sorgen also für die Offenheit des Systems und formulieren die Bedingungen der Richtigkeit derart, daß die Operationen ergiebig und anschlußfähig ablaufen können. Den praktischen Beweis für solche systemübergreifenden Programme bilden Subventionen zur Kulturförderung, Preisfestlegungen und eine reduzierte Mehrwertsteuer - um nur einige Beispiele zu nennen. Auf der Ebene von Programmen werden auf diese Weise Selektionen ermöglicht, die der Code des Wirtschaftssystems zunächst ausschließt.

Wie in allen Systemen verbindet sich mit den binären Codewerten Zahlung/ Nichtzahlung selbst keine Wertung; allerdings führt nur der positive

---

30 Luhmann, Wirtschaft, S.136.
31 vgl. Winckler, Autor-Markt etc., S.140.
32 vgl. Luhmann, Wirtschaft, S.246.

Wert der Zahlung zu einer Anschlußoperation. Eine Nichtzahlung dient lediglich als Reflexionswert. Auch der negative Code-Wert kann zu Anschlußkommunikationen führen - man kommuniziert darüber, warum man sich gegen den Kauf entschied oder die angebotenen Selektionen eines Kunstwerkes nicht nachvollziehen kann - im Sinne eines fließenden Mediums aber, werden nachfolgende Operationen unwahrscheinlicher.

II.3.1.2. Tendenzen und Zahlen

Neben den bereits vorgestellten systemtheoretischen Annahmen ist es für die Interpretation der Analyseergebnisse notwendig, spezielle wirtschaftliche Zusammenhänge des heutigen Buchmarktes im Auge zu behalten.

Der literarische Markt oder die "Kulturindustrie", mit der Horkheimer und Adorno die Tendenz zur Kommerzialisierung der Kultur bezeichneten, ist heute die Domäne weniger Monopole. Schon 1979 wurden in der Bundesrepublik mit 51,8% mehr als die Hälfte aller produzierten Titel von 3,5% aller Verlage herausgegeben.[33]

Schlagworte wie Konzentration, Verflechtung und Mehrfachverwertung haben eine ganz praktische Seite: Kritiker sind heute weniger vom Medium Buch als von technischen Medien abhängig. Diese bieten ein notwendiges Arbeitsfeld für die dominierenden kurzfristigen Produktionen wie das Feuilleton und sind deshalb auch zum wichtigsten Einkommensbereich der freier Autoren geworden.[34]

Mit dem Anwachsen der am Literaturbetrieb beteiligten Medienzahl und dem damit zusammenhängenden Produktverbund werden literarische Werke zunehmend medienübergreifend vermittelt. Romane werden verfilmt, Autorenbiografien machen auf literarische Gesamtwerke aufmerksam, der Rundfunk strahlt Autoren- und Kritikerinterviews aus usw. Meinungen über Bücher pflanzen sich im Medienbetrieb fort und multiplizieren sich, so verwundert es auch nicht, daß die Akteure des "Literarischen Quartetts"

---

[33] vgl. Winckler, Autor-Markt etc., S.137.
[34] a.a.O., S.144.

gegenseitig auf ihre Veröffentlichungen in Zeitungen und Zeitschriften verweisen und die erlangte Position im Medienbetrieb als Kompetenzausweis verwenden.[35] Kritikerworte gehen in Klappentexte und Buchanzeigen ein. Sie stellen ihrerseits Auswahlkriterien für weitere Kritiken dar[36] und/oder beziehen sich explizit auf vorangegangene Rezensionen.

"Zum System von Abhängigkeiten in der Kulturindustrie gehört schließlich auch die thematische Abhängigkeit. Sie zeigt sich einmal in der strikten Auftrags- und Weisungsgebundenheit bei der Durchführung der übertragenen Aufgaben, der Kontrolle durch Redakteure, Lektoren und Referenten, deren Tätigkeit wiederum in ein kompliziertes System von Richtlinien und Verwaltungsvorschriften, Ressort-, Redaktions- und Verlagsetats eingebettet ist."[37] Mit dem Selektionskriterium der Profitabilität ist eine zunehmende Standardisierung kultureller Produkte verbunden. Schematisierte Genres mit bestimmten Personentypen und Handlungsmustern erleichtern die Berechenbarkeit von Erfolgen und damit von monetären Gegenleistungen. Mit der Betonung des anderen, des Individuellen und Neuen - also mit dem Agieren unter dem Code von Kunstsystem und Massenmedien - bildet das „Literarische Quartett" hier einen Gegenpol.

Aber nicht nur die Anzahl der im Literaturbetrieb beteiligten Medien sondern auch die Zahl der jährlichen Buch-Neuerscheinungen ist stetig im Wachsen begriffen. Die Buchproduktion stieg beispielsweise von 1951 mit jährlich 14.094 Titeln auf 67.176 Titel im Jahre 1980, wobei sich der Taschenbuchanteil von 4,6% (1961) auf 11,6% (1980) erhöhte.[38] Zu dieser Komplexitätssteigerung auf der Anbieterseite kommt außerdem ein Wandel im Umgang mit dem Medium Buch. Der funktionale Gebrauch gewinnt an Bedeutung, das Buch fungiert als Instrument zur Informationsbeschaffung oder Unterhaltung. Unter anderem belegt auch der steigende

---

[35] Zu Beginn der Sendung vom 18.10.1996 gibt Marcel Reich-Ranicki die neuen Positionen von Sigried Löffler (neue Feuilletonchefin der *Zeit*, Hamburg) und Hellmuth Karasek (ab Januar 1997 Herausgeber des *Tagesspiegel*, Berlin) bekannt.
[36] Im "Hamburger Abendblatt" vom 3.12.1996 empfehlen zum Beispiel 11 von insgesamt 15 Fachkundigen belletristische Bücher, die im "Literarischen Quartett" 1996 vorgestellt worden sind.
[37] Winckler, Autor-Markt etc., S.146.
[38] Buch und Buchhandel in Zahlen 1981, S.14.

Taschenbuchanteil diese Abkehr vom 'Elitemedium' Buch. Neben Rundfunk und den aktuellen Printmedien spielt das Buch als Massenkommunikationsmittel eine wichtige Rolle. "Das Segment der anspruchsvoll unterhaltenden Belletristik erreicht dabei jedoch nur eine überschaubare Klientel."[39] Das literarische Buch ist bis heute Privileg einer sehr begrenzten Leserschicht.

Hier kommt die Literaturkritik ins Spiel. Ob sie als Vermittler zwischen Buchproduktion und Rezeption gelten kann, muß an dieser Stelle gar nicht erörtert werden. Fest steht, daß durch die Mechanismen, die im Vorfeld einer Rezension ablaufen, eine Auswahl aus einem - auch für Kritiker - unüberschaubaren Angebot getroffen wird. Dem Leser steht es dann, soweit es seine Einbindung in soziale Beziehungen erlaubt, frei, diese Vorstrukturierung aufzunehmen. Inwiefern er davon Gebrauch macht, untersuchte eine Infratestuntersuchung[40] zum Einfluß der Literaturkritik auf das Lese- und Kaufverhalten im Auftrag der Bertelsmann Stiftung:
Von den Befragten, die angaben, bei der Auswahl ihrer Lektüre auf Impulse von außen reagiert zu haben, nannten 37% Themenangebote, Autorenporträts, Buchverfilmungen oder -besprechungen des Fernsehens als ausschlaggebend, für 35% waren es Anregungen aus dem Bekanntenkreis, für 17% Hinweise und Besprechungen in Zeitungen und Zeitschriften. "Das Fernsehen ist mithin weit vor den Zeitungen der wichtigste Impulsgeber für die Buchlektüre; und berücksichtigt man, daß ein Teil der Anregungen aus dem Bekanntenkreis ursprünglich auch auf Hinweise aus den Medien zurückgehen mag, so vergrößert sich dessen Wirkung noch einmal."[41]
Auch Kritiker wurden nach ihrer Vorgehensweise befragt: Demnach wählt der 'typische' Feuilletonredakteur - vom werbenden Einfluß der Verlage unbelastet - die Bücher für seine Besprechungen nach persönlichen Interessen aus (83%), nach namhaften Autoren (54%), nach ihrem Aktualitätsbezug (46%), nach ihrem regionalen Interesse (43%) oder ihrem Ereignisbezug (37%), nach dem (vermuteten) Rezipienteninteresse (34%) und nach dem Namen des Verlages (31%).

---

[39] Machinek, Wozu Literaturkritik?, In: Über Literaturkritik. S.84.
[40] Bertelsmann Studie 1978.
[41] Machinek, a.a.O. S.84.

Für 23% sind die persönliche Bekanntschaft mit dem Autor, die Rezensionen in anderen Medien oder der schlichte Zufall ausschlaggebend.

Von den genannten Kriterien stehen an erster Stelle persönliche Präferenzen, was auf eine Diskrepanz zwischen Selbstverständnis der Kritiker und der ihnen durch die Literaturtheorie gesellschaftlich zugedachten Funktion hinweist. Das Kritiker-Selbstbild wird eher aus dem vom Autonomiegedanken durchtränkten Kunstsystem heraus bestimmt, während die umstrittene Vermittlerfunktion von Literaturkritik auf einer Betrachtung funktionaler Arbeitsteilung im Wirtschaftssystem basiert. Buchkritiker selbst sind der Bertelsmann Studie nach einhellig davon überzeugt, daß der Interessentenkreis für Buchkritik sehr klein ist, sie vermuten ihn bei 3-15% der Zeitungsleserschaft. 46% der Buchkritiker glauben, durch ihre Buchbesprechungen das Kaufverhalten des Lesepublikums zu beeinflussen, beinahe ebenso viele jedoch (43%) bestreiten diese Wirkung.[42]

Bucherfolge und Bestsellerplazierungen sind heute oft das Ergebnis konsequenter Verlagsstrategien und Werbekampagnen.[43] "Um seine Leser zu erreichen, muß der Autor einen Weg zu den vorhandenen Vervielfältigungs-, Verteilungs- und Verkaufswegen finden. Diesen Zugang vermitteln Verleger, Programmmacher oder Lektoren. Ist das Manuskript des Autors angenommen, dann nimmt alles weitere seinen Lauf nach den Gesetzen des Marktes."[44]
Das schließt aber nicht aus, daß auch Literaturkritik an der Konstituierung von Bucherfolgen und der Genese von Bestsellern beteiligt ist. Beeindruckendes Beispiel: "Mein Herz so weiß" des spanischen Autors Javier Marias. In Frankreich und England lag die Auflage des Buches bei 12.000 Exemplaren,[45] in seinem Heimatland wurden immerhin 100.000 Hardcover-Bücher innerhalb von vier Jahren verkauft. In Deutschland dagegen gingen 140.000 Exemplare in sechs Wochen über den Ladentisch - dank eines einstimmigen Urteils der Fernsehkritiker im "Literarischen Quartett" vom 13.6.1996.

---

[42] Machinek, Wozu Literaturkritik?, In: Über Literaturkritik. S.86.
[43] ebd.
[44] Beckermann, Kritiker etc., In: Über Literaturkritik. S.78.
[45] Diese und die folgenden Zahlen entstammen einem *stern*-Artikel aus Heft 31/96.

Tatsächlich ist dieses Beispiel ein Beweis dafür, daß TV-Literaturkritik als Wegweiser auf dem literarischen Markt ernstgenommen wird. Als der Münchener Piper-Verlag 1991 und ein Jahr später zwei Romane von Marias herausbrachte, war die Resonanz so gering, daß der Verlag dem Autor 1995 mitteilte, er sei trotz fertiger Übersetzung nicht an der Veröffentlichung von "Mein Herz so weiß" interessiert. Nach der Ablehnung des Manuskripts beim Suhrkamp-Verlag unterschrieb der Autor im Sommer 1995 bei Klett-Cotta. Güte und Absatzchancen waren bei den Verlagslektoren umstritten, deshalb wurde bei der Auslieferung im Februar 1996 gänzlich auf Werbung verzichtet. Ebensowenig geht der Erfolg des Buches auf das Marketing zurück: Der Titel ist - ohne den Hinweis, daß es sich um ein Shakespeare-Zitat handelt - wenig aussagekräftig, die sehr zurückhaltende Umschlaggestaltung in braun regt ebenfalls nicht zum Kauf an. Hier war die Literaturkritik am Werk. Wie schon erwähnt, kann ein Kritiker nicht alle literarischen Bücher einer Saison lesen, also sichtet er das riesige Angebot nach den Schemata des Bekannten, nach dem unterstellten Interesse seiner Leser und nach der Wahrscheinlichkeit, mit der die deutliche Besprechung eines bestimmten Buches seinem eigenen Ansehen dient,[46] und möglicherweise wird - wie in diesem Fall - ein Bestseller generiert.

Vielleicht spekuliert der eine oder andere Lektor in Kenntnis der geringen Werbemittel des Verlags, der tausendfachen Konkurrenz im Sortiment und der Trägheit der Leserschaft auf die Hilfe durch die Literaturkritik;[47] ein sich ergänzendes Zusammenspiel scheint aber eher auf den Einzelfall beschränkt oder gänzlich zufällig, denn Literaturkritik unterliegt eben nicht nur den Einflüssen des Wirtschaftssystems.

---

[46] Beckermann, Kritiker etc., In: Über Literaturkritik. S.78f.
[47] a.a.O. S.79.

II.3.2. Das Funktionssystem "Kunst"

Im Unterschied zu anderen Autoren, die sich mit systemtheoretischen Modellen beschäftigen,[48] vertritt Niklas Luhmann die Ansicht, daß sich im Zuge der gesellschaftlichen Ausdifferenzierung auch die Herausbildung eines Funktionssystems "Kunst" nachweisen läßt. Allerdings räumt er selbst ein, daß "nicht alle symbolisch generalisierten Kommunikationsmedien in gleichem Maße und in gleicher Weise geeignet [sind], als Katalysator für die Ausdifferenzierung sozialer Systeme zu dienen."[49] Kunst fließt nicht von Situation zu Situation wie Geld oder Information; der Zwang zu Originalität negiert die Vergangenheit und läßt die Segmente der Innovation immer schmaler werden. Die Entwicklungstendenzen der verschiedenen Systemreferenzen[50] legen die Vermutung nahe, daß sich ein eigenständiger Code der Kunst nicht halten lassen kann.[51]

An dieser Stelle sei also ausdrücklich auf die Zukunftsperspektive eines Funktionssystems für Kunst verwiesen, denn im folgenden wird die Beschreibung des theoretischen Modells auf den gegenwärtigen Zustand des Kunstbetriebs beschränkt.

Kommunikationen durch und über Kunst bilden die Elemente des Kunstsystems. Eine seiner Besonderheiten - und darin besteht ein Zusammenhang zu Religion und Liebe - verwirklicht sich dadurch, daß über das Herstellen und Betrachten von Kunstwerken etwas prinzipiell Inkommunikables, nämlich Wahrnehmung, in die gesellschaftliche Kommunikation einbezogen werden kann. Für unsere Betrachtungen ist dies jedoch von geringerer Bedeutung, denn anders als Werke der bildenden Kunst, deren Freiheiten und Beschränkungen sich aus der Formenwahl ergeben, muß sich ein literarisches Werk der Sprache bedienen und unterliegt damit

---

[48] Beispielsweise verneint Künzler eine Systembildung für Kunst (Künzler: Medien etc., S.100).
[49] Luhmann, Ist Kunst codierbar? S.80.
[50] Der Code wird durch drei Systemreferenzen abgesichert: Funktion (Beziehung des Teilsystems zum Gesamtsystem, also zur Gesellschaft); Leistung (Beziehung zu anderen Teilsystemen) und durch Reflexion (Bezug auf das seligierende Teilsystem selbst).
[51] vgl. Luhmann, Ist Kunst codierbar? S.95.

einer erheblichen Einengung in der Kommunikation von Inkommunikablem.

Trotz dieses Unterschiedes passen Bücher in die Begriffsbestimmung von Kunstwerken nach Luhmann - wie bereits oben erwähnt, handelt es sich dabei um hergestellte Objekte ohne externen Nutzen. Daß sich Kunstwerke im Gegensatz zum Nützlichen definieren, erstreckt sich bis auf den Künstler, der selbst ebenfalls als Nutznießer ausgeschlossen bleibt. Besonders deutlich illustriert diesen Sachverhalt gerade Literatur, die nicht dazu bestimmt ist, vom Schriftsteller selbst gelesen zu werden. "Die Unnützlichkeit wird auch nicht dadurch widerlegt, daß man das Kunstwerk zu Nutzzwecken benutzt - etwa verschenkt, um sich einer Dankesschuld zu entledigen, oder als Pfand zur Verfügung stellt, um sich neue Kredite zu beschaffen. Solche Verwendungen bleiben äußerlich. Sie tragen zum Verständnis des Kunstwerks nichts bei und behindern es auch nicht."[52]

Wie aber kann Kunst als Bezugspunkt für Interaktionsketten dienen, wenn Kunstwerke kontingent entstehen? Jede Wortwahl, jeder Pinselstrich ist als Operation immer auch anders möglich, was die Wahrscheinlichkeit für Anschlußselektionen reduziert.

Hier ist es - wie auch in anderen Funktionssystemen - Aufgabe des Codes, Kommunikation wahrscheinlicher zu machen. Das Operieren unter dem binären Schematismus des Kunstsystems erfordert Limitionalität. "Das heißt: Probleme müssen soweit spezifiziert sein, daß die Eliminierung einer Problemlösung die Wahrscheinlichkeit irgendwelcher anderen erhöht."[53] Diese Limitionalität liegt im Kunstwerk selbst. Schönheit wird zu manifestierter Kontingenz. "Sie erschließt sich nur dem, der ein Problem erkennt und die Limitierungen miterlebt, unter denen es gestellt war und gelöst worden ist unter Ausscheidung von weniger überzeugenden Möglichkeiten. Der Bezug auf den Code verwirklicht sich dann im Transfer von Selektivität."[54]

---

[52] Luhmann, Kunst der Gesellschaft, S.247.
[53] Luhmann, Ist Kunst codierbar? S.69.
[54] a.a.O. S.71.

Mit anderen Worten: der Code schön / häßlich versteht sich nicht als Wertungspostulat, sondern erstreckt sich auf die Nachvollziehbarkeit der im Kunstwerk angebotenen Selektionen. Insofern ist die der klassischen Idee des Schönen entlehnte Begrifflichkeit für eine Unterscheidung von Operationen zumindest erklärungsbedürftig, denn die Entscheidung, ob der Rezipient ein Buch oder der Kunstliebhaber eine Plastik nach seinem ästhetischen Urteilsvermögen für schön befindet, kann sich durchaus davon unterscheiden, daß er die Operationen, die letztlich im Kunstwerk münden, in der gegebenen Situation für angemessen hält. Die Codewerte schön / häßlich bleiben auf die figurative Ebene beschränkt und erfassen nicht die Operationen der Beobachtung (Herstellung, Betrachtung) eines Kunstwerks, die ja als Operationen weder schön noch häßlich sind.[55] "Schön" symbolisiert lediglich den positiven Codewert des Systems, was am einzelnen Kunstwerk als "schön" gilt, regelt das Kunstsystem über Stilprinzipien, Design-Theorien und andere instruktiven Symbole, die zwischen dem abstrakten binären Schematismus von schön und häßlich und der regulativen Funktion des konkret entstehenden Werkes vermitteln und so die Produktion und Rezeption von Kunst steuern.[56] Diese Zwischenschicht instruktiver Symbole erleichtert das Erkennen von Kunstwerken als solchen und ist damit Teil eines gesellschaftlich benötigten Beobachtungszusammenhangs, wenn es um die Unterscheidbarkeit von Kunstwerken geht.

Eine weitere Form des Wahrscheinlichmachens von Unwahrscheinlichkeit liegt im Kunstbetrieb selbst. "Das Kunstsystem stellt Einrichtungen zur Verfügung, in denen es nicht unwahrscheinlich ist, Kunst anzutreffen - etwa Museen, Galerien, Ausstellungen, Literaturbeilagen von Zeitungen, Theatergebäude, soziale Kontakte mit Kunstexperten, Kritikern usw."[57] Wenn Schriftsteller und deren Verleger abschätzen wollen, was ein Rezipient letztendlich als Kunstwerk akzeptieren wird, berücksichtigen sie nicht nur die Eigenschaften des Werks selbst, sondern auch, in welchem Rahmen das Werk präsentiert wird. Insofern ist Literaturkritik auch als

---

[55] vgl. Luhmann, Kunst der Gesellschaft, S.311.
[56] vgl. Luhmann, Ist Kunst codierbar? S.74.
[57] Luhmann, Kunst der Gesellschaft, S.249.

Informationszugabe des Kunstbetriebes zu sehen, als Versicherung, daß es sich tatsächlich um Kunst handelt.

Literaturkritik bietet gleichzeitig ein Forum für Anschlußselektionen im Kunstsystem, indem sie einen über das Einzelwerk hinausreichenden Referierzusammenhang schafft. Die konkrete Buchbesprechung entspringt zwar einem aktuellen Anlaß, verweist aber auch darauf, daß Kunstwerke untereinander Diskurse führen, Kunst sich selbst zitiert, copiert, ablehnt, innoviert, ironisiert usw. Damit ist auch das Aufeinanderbezugnehmen nicht nur ein Aspekt der wirtschaftlichen Seite von Literaturkritik, sondern ein Phänomen des Kunstsystems.

Geht man der Frage nach der Funktion von Kunst nach, rücken noch einmal die verschiedenen Systemreferenzen in den Mittelpunkt des Interesses. Mit zunehmender Autonomie - und das ist allen Funktionssystemen eigen - verlagert sich der Schwerpunkt von Fremd- auf Selbstreferenz. Besonderen Ausdruck findet dieses Primat der Selbstbezüglichkeit in der "l'art pour l'art" - Bewegung, die auch das Problem der Kunst zugespitzt präsentiert: Innovation geschieht zu Lasten der eigenen Vergangenheit. Auf der Reflexionsebene verringern sich damit die Möglichkeiten für Anschlußselektionen.

Wie aber kann die Beziehung von Kunst zum Gesamtsystem, zur Gesellschaft, beschrieben werden?
Bei der Funktionsbestimmung von Kunst nach Luhmann kommt es auf die Realitätsverdopplung an, die der Gesellschaft die Möglichkeit schafft, sich selbst zu beobachten: "Die imaginäre Welt der Kunst [...] bietet eine Position, von der aus etwas anderes als Realität bestimmt werden kann [...] Erst die Konstruktion einer Unterscheidung von realer und fiktionaler Realität ermöglicht es, von der einen Seite aus die andere zu beobachten."[58]

Kritiker setzen dem entgegen, daß in einer systemisch ausdifferenzierten Gesellschaft die Welt ohnehin nur als Plural von Perspektiven vorhanden sei und den Beobachtern je nach Systemreferenz eine andere Sicht eröffne. Geht man von einer generellen Kontingenz aller Phänomene aus, kann sich

---

[58] Luhmann, Kunst der Gesellschaft, S.229.

das Funktionssystem Kunst nicht dadurch legitimieren, daß es Kontingenz herstellt.[59] Luhmanns Funktionsbegriff greift weiter und schließt vor allem die fiktive Ebene mit ein. Denn die in der Kunst vorgestellten Wirklichkeitsmodelle sind im Gegensatz zu aller Handlungskontingenz sonst, nicht durch gesellschaftliche Sanktionen limitiert, sondern lediglich durch das Vorstellungsvermögen psychischer Systeme eingeschränkt. Solange also mitkommuniziert wird, daß es sich um Kunst handelt, eröffnen sich Handlungsfreiräume, die nur unter Einschränkungen an den Maßstäben anderer Systeme meßbar sind und deshalb keine Restriktionen nach sich ziehen. In Abgrenzung von Moral, Philosophie und Ästhetik eröffnen sich Handlungsmöglichkeiten, die in anderen Systemen nicht denkbar wären.

Das Beanspruchen größerer Freiheitsgrade entspricht den gesellschaftlichen Bedingungen der Moderne und zeigt an, daß eine in Funktionssysteme differenzierte Gesellschaft auf Autorität und Repräsentation verzichten muß. "Die Kunst zeigt, daß dies nicht [...] auf einen Ordnungsverzicht hinausläuft."[60] Kunst verschärft "die Differenz zwischen dem Realen und dem bloß Möglichen, um dann mit eigenen Werken zu belegen, daß auch im Bereich des nur Möglichen Ordnung zu finden sei."[61] Eine inhaltliche Abkehr vom Realen kann nur überzeugen, wenn sie ästhetisch-formal gelingt, das heißt, wenn stattdessen eine andere Ordnung angeboten wird. "Im Gravitationsfeld ihrer Funktion tendiert die Kunst der Moderne deshalb zum Ausprobieren formaler Mittel [...]. Das Kunstwerk lenkt [...] den Beobachter auf das Beobachten der Form hin."[62]
Und damit stellt sich die Frage, ob ein Beobachter überhaupt anders als im Hinblick auf Ordnung beobachten kann - auch und gerade beim Beobachten von Beobachtern.

Das Geflecht von aufeinander Bezug nehmenden Rezensionen und Kritikerurteilen kann demnach nicht nur im Hinblick auf Wirtschafts- und Kunstsystem erklärt werden, sondern unterliegt auch dem genannten Ordnungsaspekt. Da sich literarische Werke immer weniger nach dem

---

[59] vgl. z.B. Werber, Literatur als System, S.64.
[60] Luhmann, a.a.O., S.241.
[61] Luhmann, Kunst der Gesellschaft, S.236.
[62] ebd., S.238.

Stoff, den sie behandeln, bewerten lassen, besteht die Kunst des Kritikers darin, mit einer pointierten Darstellung eines Buchinhalts die Aufmerksamkeit des Publikums zu erregen, seine Wertung aber auf die Erkennbarkeit einer formalen Struktur zu beziehen. Der Disput unter Literaturkritikern über die formale Ordnung eines Buches, leistet - bei allen Interpretationsspielräumen - eine Art Entsubjektivierung der Diskussion, womit weitere Anschlußmöglichkeiten wahrscheinlicher werden.

Den besonderen Auswahlverfahren ist es wohl zuzuschreiben, daß gern der Eindruck entsteht, das "Literarische Quartett" nähme in der Kritikhierarchie die Position einer letzten Instanz[63] ein: Erstens stellt sich die quantitative Limitierung extremer dar als bei den Printmedien: von ca. 70.000 produzierten Buchtiteln eines Jahres können nur 6 mal fünf Bücher vorgestellt werden. Zweitens erzwingt das Konzept der Buchauslese, das ja bewußt andere Kritiken einbezieht, eine Chronologie von Rezensionen, die ihren Abschluß in einem Fernsehurteil finden. Publikationen, die sich nach dem Sendetermin noch mit einem bestimmten Buch befassen, neigen dazu, sich auf das im "Literarischen Quartett" gefällte Urteil zu stützen.

Bisher kann also festgehalten werden, daß die Funktion von Kunst - systemtheoretisch betrachtet - in einer Realitätsverdopplung besteht, wobei Ordnung nicht aufgehoben, sondern durch ein formales Äquivalent ersetzt wird.
Andere Vorschläge, beispielsweise von Nils Werber, schreiben Kunst eine Unterhaltungsfunktion zu. Wie aber kann ein gesamtgesellschaftliches Problem beschrieben werden, dessen Bearbeitung in der Unterhaltung bestünde?

"Mit der Ausdifferenzierung von Unterhaltung reagiert die Gesellschaft auf das immer drängendere Problem der freien Zeit. Wenn man die zunehmende freie Zeit und den wachsenden Bedarf an ihre professionelle Organisation ernst nimmt als lösungsbedürftiges soziales Problem"[64], dann könnte sich das Kunstsystem über die Funktion der Unterhaltung legi-

---

63 Im Zusammenhang damit steht wohl auch, daß Reich-Ranicki gern als Literaturpapst bezeichnet wird.
64 Werber, Literatur als System, S.64.

timieren. Literarische Kommunikation läge dann dort vor, "wo ein Werk primär eine Unterhaltungsfunktion erfüllt und von dem Code interessant / langweilig strukturiert und auch dementsprechend rezipiert wird."[65]

Diese Kopplung von Unterhaltung mit dem Selektionskriterium des Interessanten behandelt Niklas Luhmann im Zusammenhang mit dem System der Massenmedien, das im folgenden Abschnitt skizziert werden wird.

II.3.3. Das Funktionssystem "Massenmedien"

Die folgenden Darstellungen basieren auf der Annahme, "die Massenmedien seien eines der Funktionssysteme der modernen Gesellschaft".[66] Dabei sollen mit dem Begriff der Massenmedien Einrichtungen der Gesellschaft erfaßt werden, die sich zur Verbreitung von Kommunikation technischer Mittel der Vervielfältigung bedienen.[67] In der Regel findet dabei zwischen Sender und Empfänger keine Interaktion unter Anwesenden statt. Diese wird nicht nur durch die zum Einsatz gelangenden Verbreitungstechnologien eingespart, sondern zugunsten der Kommunikationen im System selbst wirksam ausgeschlossen. Die technisch bedingte Kontaktunterbrechung produziert einen Überschuß an Kommunikationsmöglichkeiten, "der nur noch systemintern durch Selbstorganisation und durch eigene Realitätskonstruktionen kontrolliert werden kann."[68] Sendebereitschaft und Einschaltinteresse wirken hier als Selektoren.

Die Grenzen, innerhalb derer seligiert wird, fixiert der binäre Schematismus des Systems unter Ausschließung dritter Möglichkeiten: "Der Code des Systems der Massenmedien ist die Unterscheidung von Information und Nichtinformation."[69] Information wird dabei als ein Unterschied definiert, der bei einem späteren Ereignis einen Unterschied ausmacht.[70] Der positive Wert der Information macht das System arbeitsfähig, Nichtin-

---

[65] Werber, Literatur als System, S.65.
[66] Luhmann, Massenmedien, S.22.
[67] vgl. Luhmann, ebd., S.10.
[68] ebd., S.12.
[69] ebd., S.36.
[70] ebd., S.39.

formation dient als Reflexionswert, wobei auch die Information, etwas sei keine Information, einen Informationswert besitzt.
"Die wohl wichtigste Besonderheit des Codes Information/ Nichtinformation liegt in dessen Verhältnis zur Zeit."[71] Die Operationen des Systems schließen aus, eine Information als solche zu wiederholen. Sobald sie sich ereignet hat, verliert sie ihren informativen Charakter. Durch die laufende Umwandlung von Information in Nichtinformation veraltet sich das System selbst. Am deutlichsten sind wohl Nachrichten als Er- und Verarbeitung von Informationen erkennbar[72], wobei die serielle Präsentation von Neuem auf ein Paradox hinausläuft. Deshalb wird mit allen Mitteln einer eigens dafür ausgebildeten journalistischen Schreibweise der Eindruck erweckt, das gerade Vergangene sei noch Gegenwart, interessiere und informiere noch.[73]

Aufgrund ihrer Binnenstrukturierung haben die Massenmedien unterschiedliche Mechanismen entwickelt, den Code Information / Nichtinformation zu benutzen. Die drei Säulen: Nachrichten, Werbung und Unterhaltung variieren den Informationsbegriff jeweils für ihre Zwecke,[74] indem sie verschiedene Auswahlkriterien für Informationen zugrunde legen.[75] Die Gesichtspunkte, nach denen beispielsweise Nachrichten selektiert werden, seien hier kurz vorgestellt:[76]

Selektoren der Nachrichtenauswahl:
1) Neuheit der Information; dabei steigern sich Überraschung und Standardisierung aneinander;
2) Spannungserzeugung durch Konflikte;
3) Quantitäten als Aufmerksamkeitsfänger;
4) Lokaler Bezug;

---

[71] a.a.O., S.41.
[72] vgl. Luhmann, a.a.O., S.53.
[73] vgl. ebd., S.55.
[74] Es liegt auf der Hand, daß z.B. der Informationsgehalt einer Nachrichtensendung nicht unterhaltsam sein oder sich zur Produktion eines Werbespots eignen muß.
[75] vgl. Luhmann, Massenmedien, S.51.
[76] vgl. ebd., S.58ff.

5) Normverstöße, vor allem moralische (Skandal) erzeugen ein gemeinsames Gefühl von Betroffenheit und Entrüstung und dienen zur Erhaltung und Reproduktion von Moral;
6) Zurechnung auf Handelnde / Personen ermöglicht ein Hin- und Herkopieren von Handlungsmustern zwischen den Medien und dem, was sich in der Alltagserfahrung als Wirklichkeit präsentiert;
7) Meinungsäußerungen können als Nachricht verbreitet werden;
8) Selektoren werden dadurch verstärkt, daß Organisationen sich mit Selektionen befassen und dafür eigene Routinen entwickeln.

Die Kategorisierung der Information strukturiert Möglichkeitsräume für Kommunikation vor und schafft Programmbereiche wie Sport, Politik, Kunst u.a. Auf dieser Basis werden Informationen in Rubriken und Schablonen eingepaßt, und für die Letztauswahl spielen dann Zeit (z.B. freie Sendeminuten) und verfügbarer Raum (z.B. eine festgelegte Zeilenanzahl eine ausschlaggebende Rolle. Dabei sind die Organisationen, die die Kommunikation der Massenmedien produzieren, auf Vermutungen über Zumutbarkeit und Akzeptanz angewiesen, was zur Standardisierung, aber auch zur Differenzierung ihrer Programme führt.[77]

Operationen im Selektionsbereich der Werbung sind für die Analyse des "Literarischen Quartetts" insofern interessant, als sie sich einer Technik bedienen, die zur Vereinnahmung des Gegenmotivs führt.[78] Genauso paradox wie beim Geldausgeben vom Sparen zu reden, ist das Verhältnis der exklusiv angelegten Literatursendung zu ihren Existenzbedingungen im Medienbetrieb: Man gibt sich elitär und hofft gleichzeitig auf eine hohe Einschaltquote, die pro Sendung bei respektablen 800.000 Zuschauern[79] liegt.
Außerdem macht die Werbung von der Möglichkeit des Wiederholens Gebrauch, die vom Agieren unter dem Code der Information nicht ausgeschlossen wird. Allerdings muß dann die Reflexivfigur des Informationswertes der Nichtinformation benutzt werden, beispielsweise um Wichtig-

---

[77] vgl. ebd., S.12.
[78] vgl. Luhmann, Massenmedien, S.88.
[79] Laut einer telefonischen Auskunft der ZDF-Redaktion "Literatur und Kunst/ aspekte" vom 4.3.1997.

keit und Erinnerungswürdigkeit zu indizieren.[80] So kann dem musikalischen Rahmen der Sendung eine werbeähnliche Funktion zugeschrieben werden: Er ruft die Intentionen der Sendung ins Gedächtnis und dient der Wiedererkennung.

Die dritte Säule der Massenmedien, die Unterhaltung, führt zu den oben genannten Überlegungen über das Beobachten zurück. Dem Zuschauer wird die Rolle des Beobachters von Beobachtern angeboten, er kann ähnliche oder konträre Einstellungen in sich selbst entdecken und mit den medialen Angeboten vergleichen.

Auch das "Literarische Quartett" leistet die Inklusion des Zuschauers als zunächst ausgeschlossenem Dritten. Die Akteure vor der Kamera bestreiten die Diskussion und bieten sich dabei als Identifikationsobjekte an. Der Zuschauer kann den im Fernsehen geführten Disputen mit einer allgemeinen Aufmerksamkeit folgen oder im Stillen wählen, von wem er seine Meinung vertreten lassen würde. Dabei kann er im Laufe einer Sendung durchaus verschiedene Identifikationsangebote annehmen. Da die Diskussionspartner vor der Kamera die deutsche Sprache überdurchschnittlich gut beherrschen, leihen sie als jeweils erwählte Sympathieträger des Zuschauers diesem ihre Schlagfertigkeit.

Das Hin- und Herzappen zwischen den argumentativ vertretenen Standpunkten wird dadurch begünstigt, daß der Fernsehzuschauer die in der Sendung vorgestellten Bücher selbst noch nicht gelesen hat. Dies wäre zwar theoretisch möglich - die "aspekte"-Redaktion des ZDF informiert den Buchhandel über die zu besprechenden Bücher im Voraus -, in der Regel werden die Bücher aber erst nach der Buchkritik gekauft. Dadurch bleibt die Sendung frei von Konsenszumutungen und das Publikum wird auch nicht vom eigenen Urteil zu einem manifesten Standpunkt gezwungen, sondern kann sich ohne die Last einer Schablone im Kopf alle Standpunkte unvoreingenommen anhören und -sehen.

Ein weiteres Charakteristikum für Unterhaltung, das vor allem für Romane und Filme aber auch für Fernsehshows gilt, besteht im ständig mitlaufen-

---

[80] vgl. Luhmann, a.a.O., S.42.

den Vergleich von realer und fiktionaler Realität. Auf diese Weise ermöglicht Unterhaltung eine Selbstverortung in der dargestellten Welt, was im "Literarischen Quartett" explizit thematisiert und damit seinerseits wieder zur Unterhaltung wird.

Alle drei Formen massenmedialer Kommunikation - Nachrichten, Werbung und Unterhaltung - schaffen für weitere Kommunikation Voraussetzungen, die nicht eigens mitkommuniziert werden müssen. Dies betrifft das aktuelle Informiertsein ebenso wie die Kenntnis von Werten und Moden.[81] Demnach erzeugen Massenmedien eine Hintergrundrealität, bei der es nicht um die Repräsentation der Welt, wie sie ist, geht, sondern um das Sichern von Anschlußkommunikationen.

Die Themen der Kommunikation repräsentieren dabei die Fremdreferenzen des Systems und dienen der strukturellen Kopplung mit anderen Gesellschaftsbereichen. Über Themen sichert das System auch die öffentliche Rekursivität, die Voraussetzung des Schon-Bekannt-Seins und des Bedarfs für weitere Information als typisches Produkt und Fortsetzungserfordernis massenmedialer Kommunikation.[82] Das Bekanntsein des Bekanntseins sichert die notwendige Beschleunigung der Kommunikation, die sich auf Voraussetzbares stützen und sich deshalb auf das Neue konzentrieren kann.

Die gesellschaftliche Funktion der Massenmedien kann also in der Erzeugung eines Gedächtnisses gesehen werden, das für das Gesellschaftssystem darin besteht, daß man bei jeder Kommunikation bestimmte Realitätsannahmen als bekannt voraussetzen kann, ohne sie eigens in die Kommunikation einführen oder begründen zu müssen.[83] Damit garantieren die Massenmedien allen Funktionssystemen eine gesellschaftsweit akzeptierte, auch dem einzelnen Individuum bekannte Gegenwart[84] und dirigieren die Selbstbeobachtung des Gesellschaftssystems.[85]

---

[81] vgl. Luhmann, Massenmedien, S.120.
[82] vgl. ebd., S.28.
[83] ebd., S.121.
[84] ebd., S.176.
[85] ebd., S.173.

II.3.4. System Mensch

Obwohl natürlich keines der Funktionssysteme ohne Menschen auskommt, setzen die Massenmedien besonders deutlich Individuen als kognitiv interessierte Beobachter voraus. Der Mensch wird als soziales Konstrukt impliziert, das sich für Informationen und moralische Orientierung interessiert. Deshalb sollen an dieser Stelle einige wenige Besonderheiten der systemtheoretischen Sicht vom Menschen zusammenstellt werden.

Zunächst haben wir es, wenn wir vom Menschen sprechen, mit drei Systemen zu tun: einem physischen, einem psychischen und einem sozialen System, die miteinander gekoppelt und ohne einander nicht denkbar sind. Diese strukturelle Kopplung verbindet die operational getrennten autopoietischen Systeme, die einander wechselseitig voraussetzen und irritieren, aber nicht determinieren können.[86] Beispielsweise bedingt die Sozialisation von Individuen eine soziale Kommunikation, die ihrerseits nur auf der Grundlage von Bewußtseinsprozessen zustandekommt.
Der Vorteil einer solchen Sichtweise liegt in der Abgrenzung der verschiedenen Systembezüge, in die ein Individuum eingebettet ist. Organismus, Bewußtsein und Kommunikation können so im Einzelmodell untersucht und danach in ihrem Zusammenspiel beobachtet werden.

Im Zusammenhang mit dem Kunstsystem war bereits von einer besonderen Kommunikationsform, der Wahrnehmung, die Rede. Besonders deshalb, weil über Wahrnehmung geleitete Kommunikation die strukturelle Kopplung von Bewußtsein und Kommunikation zugunsten erhöhter Bewegungsfreiheiten lockert, während sprachliche Kommunikation durch ihre Grundlage, die Sprache, gleichzeitig eingeschränkt wird.[87] Daß man über Wahrgenommenes aufgrund der innerpsychischen Verkapselung von Wahrnehmung nicht adäquat verbal kommunizieren kann, sondern den Umweg über Kommentare wählen muß, verhindert vor allem im Kunstsystem einen Konsenstest und verdeutlicht die Unzulänglichkeit von Wertungskriterien.

---

[86] vgl. Luhmann, Die Tücke des Subjekts etc. In: Soziol. Aufklärung 6, S.167.
[87] vgl. Luhmann, Kunst der Gesellschaft, S.227.

Insofern haben auch die Massenmedien ständig mit einem Restrisiko zu kämpfen, denn was sich letztlich im Zuschauer abspielt, welche Reaktionen durch mediale Angebote ausgelöst werden, ist nicht vorhersehbar, geschweige denn zu steuern. Kunstwerke und Unterhaltungsangebote stellen lediglich Irritationen dar.

Aus diesem Grund ist eine Sendung gut beraten, wenn sie die Informationen, mit denen sie irritiert, kategorisiert anbietet. Die Reduktion von Komplexität auf der Senderseite macht es wahrscheinlicher, daß Kommunikation erfolgreich verläuft. Für das Individuum haben "Schemata den Vorzug, daß sie das Gedächtnis strukturieren, aber das Handeln nicht festlegen. Sie befreien zugleich von allzu konkreten Belastungen und bieten eine Folie, an der man auch Abweichungen, Gelegenheiten zum Handeln und Beschränkungen erkennen kann."[88] An dieser Stelle soll auf den analytischen Teil dieser Arbeit verwiesen werden, der sich mit der Funktion literarischer Wertung ausführlicher beschäftigen wird.

Vor dem Hintergrund der philosophisch-soziologischen Orientierung des Luhmannschen Konstruktivismus[89] erscheint das System "Mensch" einerseits als Konstrukt, gleichzeitig aber auch als Ausführender der Konstruktion, wobei konstruktivistische Theorien davon ausgehen, "daß kognitive Systeme nicht in der Lage sind, zwischen Bedingungen der Existenz von Realobjekten und Bedingungen ihrer Erkenntnis zu unterscheiden, weil sie keinen erkenntnisunabhängigen Zugang zu solchen Realobjekten haben."[90] Dies untermauert nochmals die Überlegungen, die im Zusammenhang mit dem Beobachten angestellt wurden: jede Erkenntnis, die aufgrund einer systeminternen Unterscheidung erarbeitet wurde, ist ein Konstrukt von Realität. Die Konstruiertheit unserer Wirklichkeit fällt aber erst dann auf, wenn man beobachtet, wie man beobachtet, "weshalb der Konstruktivismus zu Recht als eine Theorie der Beobachtung zweiter Ordnung bezeichnet werden kann."[91]

---

[88] Luhmann, Massenmedien, S.198.
[89] In Abgrenzung zur biologisch-neurowissenschaftlichen Tradition von Maturana und der kybernetischen Ausrichtung von Foersters.
[90] Luhmann, Massenmedien, S.198.
[91] Merten u.a., Wirklichkeit der Medien, S.5.

Für das konstruierende System selbst erfüllt die Konstruktion von Wirklichkeit zwei Aufgaben: sie beruhigt, indem sie den Anforderungen des Systems an Konstruktionen entspricht, und sie erhält Handlungsfähigkeit, indem sie das System nicht an die Grenzen seiner Überlebensmöglichkeiten führt.

Der Zuschauer wird sich also in seiner Wirklichkeitskonstruktion nur insoweit von Literaturkritik irritieren lassen, wie seine Ausgangssituation dies zuläßt. Somit definieren demografische Merkmale des Publikums nicht nur eine Zielgruppe für das "Literarische Quartett", sondern beeinflussen auch die Wirkungsmöglichkeiten der Sendung.

II.3.5. Zwischenbilanz

Die bisher ausgeführten Überlegungen zu den für die vorliegende Analyse wichtigen gesellschaftlichen Funktionssystemen sollen in der folgenden Übersicht noch einmal knapp zusammengestellt werden und in dieser Form als Basis für die spätere Interpretation der Analyseergebnisse dienen.

Literatur ist	Wirtschaft	Kunst	Massenmedien
	Produkt / Ware	Kunstwerk	Medium der Fiktionalität
Code	Haben / Nichthaben	„Schön" im Sinne von Nachvollziehbarkeit der Selektionen	Information / Nichtinformation
Medium	Geld	Kunstwerk	Programmbereiche (Sport etc.)
Elemente	Zahlung / Nichtzahlung	Herstellen und Betrachten von Kunstwerken	Erarbeitung und Verarbeitung von Information
Funktion	Vorsorge für die Befriedigung zukünftiger Bedürfnisse	Realitätsverdopplung	Erzeugung eines Gedächtnisses

II.4. Exkurs I: Auffassungen vom Literaturbetrieb als System

Oft wird das komplizierte Beziehungsgefüge des literarischen Lebens mit dem Schlagwort "Literatursystem" bezeichnet. Diese Begriffswahl verdeutlicht die wissenschaftliche Fokuserweiterung vom Text zum Einbeziehen sämtlicher Instanzen des Literaturbetriebes und wird damit der Komplexität von literarischen Vorgängen besser gerecht.

Nach Luhmann kann man von sozialen Systemen "immer dann sprechen, wenn Handlungen mehrerer Personen sinnhaft aufeinander bezogen werden und dadurch in ihrem Zusammenhang abgrenzbar sind von einer nicht dazugehörenden Umwelt."[92] Demnach wäre - analog zur Definition des Kunstsystems - das Literatursystem der Gesamtbereich sozialer Handlungen des Herstellens und Rezipierens literarischer Werke.[93] Was einem System "Literatur" zugerechnet werden würde, hinge damit von der Begriffsbestimmung des "Literarischen" ab. Wer aber definiert Literatur? Und wie? Das Bertelsmann-Lexikon[94] bietet beispielsweise folgendes an:

> **Literatur** [die; lat.], Schrifttum; *i.w.S.* eine Gesamtheit von Schriften jeder Art, z.B.. die *wissenschaftl. L., Fachliteratur, Sekundärliteratur, Schundliteratur; i.e.S. die Schöne Literatur (Belletristik), die Sprac-kunstwerke; auch die Unterhaltungsliteratur (Trivial-L.).* Das Feld der Schönen L. kann verschieden aufgeteilt werden, z.B. nach Epochen, nach Völkern (-> Nationalliteratur) oder nach Gattungen. Von *L.* spricht man nur, wenn Sprachkunstwerke schriftl. fixiert sind; mündl. tradierte Werke gehören zwar zur Dichtung, ursprüngl. aber nicht zur L.

Schließt die Bedingung der Schriftlichkeit demnach eine Literaturverfilmung aus dem System aus? Und wie stünde es um die Zuordnung von gedruckten und gebundenen Notensammlungen, die doch offensichtlich kein Sprachkunstwerk darstellen?

---

92 Luhmann, Interaktion, Organisation, Gesellschaft. In: Ders., Hg., Soziologische Aufklärung 2. Aufsätze zur Theorie der Gesellschaft. Opladen 1975, S.9.
93 siehe zum Beispiel auch Flacke, Verstehen, S.146.
94 Bertelsmann-Lexikon, Band 11, S.56.

In dasselbe Dilemma gerät Schmidt, wenn er die Grenze eines eigenständigen Literatursystems durch zwei Konventionen konstituiert: [95] Die erste besteht darin, daß handelnde Subjekte ihre Kommunikation auf solche Werte, Normen und Bedeutungsregeln ausrichten, die sie nach ihrem ästhetischen Empfinden für literaturbestimmend halten. "Die zweite Konvention eröffnet Handelnden im Literatursystem die Möglichkeit, sich beim Umgang mit literarischen Werken auf eine Optimierung ihrer subjektiven Ausdrucks- und Erfahrungsmöglichkeiten zu konzentrieren."[96] Mit anderen Worten: zum Literatursystem gehört, was literarisch ist (erste Konvention) und was den gesellschaftlich akzeptierten Wirklichkeitsmodellen nicht verpflichtet ist (zweite Konvention). Letzteres greift schon auf die Funktion von Literatur vor, fast unbegrenzte Spielräume subjektiven Handelns und Erlebens zu eröffnen, ohne gesellschaftliche Sanktionen nach sich zu ziehen.

Aber zurück zur ersten Konvention, die eine konkrete Bestimmung der Zugehörigkeit zum System durch ein nicht eindeutig definierbares Werte- und Normensystem ersetzt. Denn mittlerweile ist unumstritten, daß objektive Maßstäbe der Bewertung literarischer Phänomene in der heutigen Gesellschaft fehlen. Ein Code literarisch / nichtliterarisch bleibt in seiner Tautologie stecken, er erklärt nicht, was zur Literatur gehört. Dabei soll doch eine Leitdifferenz Kommunikation wahrscheinlicher machen und nicht zusätzlich Verwirrung stiften. Sie erbringt im Idealfall einen Strukturgewinn, indem die unter dem gleichen Code agierenden Kommunikationspartner zur Reduktion des Sinnbezuges gezwungen werden.

Wenn wir aber einen Blick auf die Zwischenbilanz werfen, fällt auf, daß der Umgang mit Literatur keineswegs unter nur einem speziellen Code geschieht, sondern daß sich verschiedene, möglicherweise auch gegenseitig ausschließende Selektionskriterien für Anschlußoperationen wie schön, wertvoll, profitabel oder informativ benennen lassen. Im besten Fall für den Leser ist ein Buch unterhaltend, aufschlußreich, ästhetisch gelungen und dazu noch preiswert. Die genannten Kriterien können aber ebensogut unterschiedlich gewichtet sein, oder sich wechselseitig kompensieren, wenn beispielsweise die optische Gestaltung eines Kunstbandes den höheren Preis rechtfertigt.

---

[95] Schmidt, Sozialsystem Literatur, S.19.
[96] ebd.

Man könnte noch einwenden, daß auch in anderen Systemen allein durch den Bezug auf einen binären Schematismus eine faktisch vollzogene Anschlußselektion noch nicht hinreichend determiniert wird und zusätzliche Kriterien notwendig sind, um zwischen dem binären Schematismus und dem Kommunikationsprozeß zu vermitteln und damit auf der Programmebene Wertungskonsens und Entscheidungsrechtfertigungen zu gewährleisten.[97] Im Kunstsystem erfüllt beispielsweise der Stil diese Vermittlungsfunktion, im Wirtschaftssystem das Prinzip der Profitoptimierung. Das alleinige Aufzählen von Selektionsmechanismen ohne die Benennung eines Codes, wie es z.B. Faulstich mit Profitabilität[98] und Genre[99] tut, bleibt aber auf Programmebene und beweist keineswegs die Existenz eines eigenständigen Literatursystems.

Um diesen Gedanken abzuschließen, sei noch kurz auf theoretische Beiträge verwiesen, die für das Literatursystem Unterhaltung als spezifische Funktion im Zusammenhang mit dem Code interessant / uninteressant vorschlagen.[100] Dies erscheint dann sinnvoll, wenn Literatur als Subsystem der Massenmedien begriffen wird. Für die Etablierung eines autopoietischen Systems Literatur grenzt ein solcher Code aber nicht ausreichend ab. Nach Luhmann haben auf der Ebene gesellschaftlicher Differenzierung nicht alle gesellschaftlichen Funktionen die Möglichkeit, zum katalytischen Prinzip der Systembildung zu werden,[101] was in diesem Fall akzeptiert werden sollte.

Solange eine Abgrenzung des Literatursystems gegen seine Umwelt über inhaltliche oder ästhetische Kriterien vorgenommen wird, bleibt sie mangels eines gesellschaftlichen Konsenses theoretisch unbefriedigend. Aber gerade nach seiner wissenschaftlichen Brauchbarkeit sollte ein "System" als theoretisches Konstrukt und Beobachterinstrument beurteilt werden. Um die Vorzüge einer systemorientierten Perspektive nutzen zu können, ohne dabei mit den theoretischen Voraussetzungen in Konflikt zu geraten, erscheint es deshalb sinnvoll, Literatur nicht als eigenständiges System, sondern als Phänomen einer Schnittmenge verschiedener gesellschaftlicher Funktionssysteme zu betrachten.

---

97 vgl. Künzler, Medien etc., S.88f.
98 Faulstich, Systemtheorie des Literaturbetriebs. Ergänzungen. In: lili 63, S.165.
99 ders., Systemtheorie des Literaturbetriebs. Ansätze. In: lili 62, S.130.
100 vgl. Werber, Literatur als System, S.2.
101 vgl. Künzler, Medien etc., S.80.

III. SENDUNGSANALYSE DES "LITERARISCHEN QUARTETTS" UND SYSTEMTHEORETISCHE INTERPRETATION DER ERGEBNISSE

"Das Literarische Quartett" läuft seit dem 25. März 1988 im Zweiten Deutschen Fernsehen mit zunächst vier, mittlerweile sechs Ausstrahlungen pro Jahr. Ihren Namen verdankt die Sendung dem thematisierten Medium und der Kritikeranzahl vor der Kamera.
Die folgende Analyse arbeitet zunächst einzelne Bausteine der Sendung heraus, die dann in einem zweiten Schritt unter systemtheoretischen Aspekten interpretiert werden sollen.

III.1. FORMALE ASPEKTE
III.1.1. AUFBAU

Einen verlässlichen Rahmen für die Präsentation bis dahin meist unbekannter Bücher bilden Vor- und Abspann der Sendung gekoppelt mit der Begrüßung und Verabschiedung durch Marcel Reich-Ranicki. Und obwohl Beginn und Schluß zusammen höchstens (Sendung vom 18.10. 1996) vier Minuten dauern, charakterisieren sie das Programm innerhalb der Klammer und legen die Vermutung nahe, man bewege sich im Kunstsystem.
Dazu trägt die auditive Ebene einen großen Teil bei: Es erklingen einige Takte aus Beethovens drittem Rasumovsky-Streichquartett,[102] das "wegen des rhythmischen Schwunges des Kopfthemas und der heroischen Struktur des Finales"[103] auch den Namen 'Heldenquartett' trägt. Die Wahl gerade dieser Musik darf sicherlich als Hommage an einen Künstler verstanden werden, dessen Werke von Genialität und Schicksalsschlägen zeugen. Der Mythos vom oft steinigen Weg der Kunst wirkt aber auch auf die Sendung zurück: Hier wird - allen Zweiflern zum Trotz - bemerkenswerte Literatur vorgestellt. Auch die Form der Kammermusik scheint nicht zufällig gewählt zu sein: theoretisch durchkonstruiert bewegt sich das ursprünglich nichtöffentliche Musizieren im kleinen Kreis, wie es vor allem in Privat-

---

[102] Streichquartett Nr. 9 in C-Dur "3. Rasumovsky-Quartett" op. 39,3; gewidmet dem russischen Botschafter, Fürst Rasumovsky; entstanden 1804.
[103] Welt der Musik, Bd.1, S.258.

salons und Fürstenschlössern gepflegt wurde, auf hohem musikalischen Niveau und unterstreicht damit den elitären Charakter der Sendung.

Zwischen dem im "Literarischen Quartett" behandelten Sujet und der Sendung selbst existieren auch formale Zusammenhänge. Die Gliederung der Präsentationen in fünf "Akte" - in jeder Sendung werden fünf Bücher vorgestellt - zitiert Kunst auf formaler Ebene und rechtfertigt eine genauere Betrachtung dramatischer Mechanismen:
Wie beim Drama ist auch für die Sendung des "Literarischen Quartetts" die Interaktion auschlaggebend. Die dramatische Spannung lebt von der doppelten Kontingenz, das heißt von der immer wieder erneuerten Frage: Wie reagiert wer auf wen? Dabei folgt in unserem Fall die Regie der Diskussionsdynamik, so daß lange Einstellungszeiten die Übereinstimmung der Akteure unterstreichen, eine hohe Schnittfrequenz dagegen konträre Auffassungen formal betont.

Viele der von Schwanitz[104] für literarische Formen ausgearbeiteten Merkmale können auch auf Fernsehsendungen und damit auf das „Literarische Quartett" selbst bezogen werden. "Das Drama [und auch Literaturkritik im Fernsehen] bezieht seine Wirkung aus der überhöhten und stilisierten Repräsentation von Interaktionsprogrammen und lebensweltlichen Inszenierungen..."[105] Dabei werden bestimmte Typen von Interaktionen, die sich durch ihre Rahmung und innere Strukturierung von anderen Interaktionen unterscheiden, mit Vorliebe vom Drama benutzt und sollen deshalb an dieser Stelle hinsichtlich ihrer Bedeutung für das "Literarische Quartett" überprüft werden.

Erstens baut die Sendung auf das Austragen von Meinungsverschiedenheiten. Die Verschiedenartigkeit der teilnehmenden Personen und die ihnen zugewiesenen Rollen konstituieren ein Informationsgefälle zwischen den Beteiligten. Ranicki gibt meist den Patriarchen, Sigrid Löffler bürgt für Liberalität und ein feminines Gespür, Herr Karasek tritt als Vermittler und Filmexperte auf. Der jeweilige Gast spielt in diesem Zusammenhang oft eine untergeordnete Rolle. Spannung entsteht dadurch, inwieweit und

---

[104] vgl. Schwanitz, Systemtheorie und Literatur. S.110ff.
[105] ebd.

wie die Beteiligten die an sie gerichteten Erwartungen erfüllen oder aus ihrer Rolle ausbrechen. Wagt sich beispielsweise Herr Ranicki auf das Territorium des Films und spricht von schlechten Drehbüchern, entspricht dies zunächst nicht den Erwartungen des Publikums und erregt Interesse, denn wer die Informationsschwelle der verschiedenen Lager durchbricht, spielt eine Sonderrolle. Wie die anderen auf diese Situation reagieren, wie sie das Rollengefüge wieder stabilisieren, baut ebenfalls Spannung auf. Und für das genannte Beispiel erscheint es folgerichtig, daß Helmuth Karasek eingreift und Reich-Ranicki mangelnde Filmkenntnisse bescheinigt.

Zweitens nutzt das "Literarische Quartett" Rituale mit erhöhtem symbolischen Repräsentationswert, den sie als versteifte Interaktionsprogramme gewinnen. Dadurch werden bedeutsame Sequenzen mit besonderer Aura dramatisiert, etwa wenn Herr Reich-Ranicki abwehrend, fragend oder beschwichtigend die Hände hebt und zur abschließenden Beurteilung eines Buches ansetzt. Dieser festgefügte Ablauf, der Ranicki stets das Schlußwort zuschreibt, verleiht diesem ein besonderes Gewicht, was soweit führen kann, daß er die Front seiner Vorredner überstimmen und als einzelner seine Meinung behaupten kann.

Drittens spielt die Sendung mit Umgangsformen, das heißt wieder mit Erwartungen, diesmal aber auf der Ebene dessen, was als gesellschaftlich passend oder unpassend gilt. Als passend wird empfunden, was die Geselligkeit erhöht, interessiert oder amüsiert. Indem durch die Stilisierung des Verhaltens ständig die Grenze zwischen dem was paßt, und dem was nicht paßt, präsent gehalten wird, kommt Theatralik ins Spiel und steigert die Spannung. Sich gegenseitig ins Wort zu fallen oder das Gespräch durch Lautstärke zu dominieren, zählt sicher nicht zu guten Manieren, fesselt aber die Aufmerksamkeit des Zuschauers. Das Ausbrechen aus dem Üblichen erhält einen Sonderstatus, und der Zuschauer darf weiterhin auf dadurch provozierte Reaktionen gespannt sein. Wer die Situation dann unter Kontrolle bringt, ohne dabei aus dem normierten Rahmen zu fallen, lenkt Sympathien auf sich wie zum Beispiel Herr Karasek, der auf

Ranickis Redebedürfnis mit dem Einwurf reagierte: "Darf ich mal sprechen, während Sie mich unterbrechen?"[106]

In diesem Zusammenhang muß auch doppeldeutige Kommunikation erwähnt werden, die dem Ziel dient, vorsichtig zu prüfen, ob die Diskussionspartner bereit sind, ihre Meinung vielleicht zu ändern. Jeder der Beteiligten gibt seinen Mitteilungen deshalb eine Form, die eine offizielle und eine inoffizielle Auslegung gestattet. Die offizielle entspricht dem alten, bekannten Konstellationsgefüge; die inoffizielle dem erhofften, noch unbewährten Meinungsumschwung. Dies erhöht die Kontingenz, denn jeder kann jederzeit so tun, als wüßte er nicht, warum es geht, wobei dieses Privileg mit Vorliebe von Marcel Reich-Ranicki beansprucht wird, der dadurch seine Unbeirrbarkeit demonstriert.

Viertens erzeugen Konflikte eine dramatische Spannung. Mit hoher Wahrscheinlichkeit bildet sich während der literarischen Diskussion ein Gegenlager zu Ranicki, was dazu führt, daß dieser und der jeweilige Herausforderer verschiedene Standpunkte vertreten und dies auch wissen. Dieses Prinzip repräsentiert die Welt unter dem Gesichtspunkt einer ausschließlichen Differenz, die die Zuschauer in Verbündete und Gegner teilt, wobei der inhaltliche Konflikt schnell auch die Form der Interaktion selbst ergreift: Jeder beschuldigt den anderen, die Regeln der Interaktion zu verletzen, ihn nicht zu Wort kommen zu lassen oder nicht zur Sache Gehöriges vorzubringen. Das Spannungsmaximum ist erreicht, wenn einer den anderen der Interaktionsunfähigkeit bezichtigt und die Diskussion nur durch Beschwichtigung Dritter oder den Hinweis, man müsse sich ja nicht einigen, fortgesetzt werden kann.

Merkmale des Dramas werden also in der Sendung gezielt genutzt, um Spannung zu erzeugen, und bestätigen durch das formale Zitieren von Kunst Literaturkritik als Teil des Kunstsystems.

---

[106] Sendung vom 15.12.1996.

III.1.2. GESTALTUNG DER FILMSPRACHLICHEN EBENE

Im Unterschied zum Feuilleton ermöglicht Literaturkritik im Fernsehen als Bild-Ton-Text-Verbindung sehr viel stärker das Einbeziehen von Wahrnehmung in den Kommunikationszusammenhang, da Informationen ihre Adressaten auf direkteren akustischen und optischen Wegen erreichen, ohne den Umweg über die abstrakte Schriftform nehmen zu müssen. Dabei gewinnt neben dem, *was* auf der visuellen Ebene geschieht, auch das *wie* an Bedeutung. Die Art der Präsentation, die Formen der ästhetischen Gestaltung lenken die Aufmerksamkeit des Zuschauers ja erst auf bestimmte inhaltliche Aspekte, wobei die Kamera als Beobachterinstrument fungiert.

Wie sich dies auf das "Literarische Quartett" auswirkt, soll im folgenden Abschnitt untersucht werden.

Für Authentizität und Objektivität in der Filmsprache sorgt eine auf Normalsicht ausgerichtete Kameraperspektive, die der alltäglichen Wahrnehmung entspricht. Unterstützt wird diese Realitätsanmutung von der Synchronität der visuellen und der auditiven Ebene.

Der Eindruck von Realismus wird außerdem durch eine relativ hohe durchschnittliche Einstellungslänge gefördert, die zwischen dreizehn und zwanzig Sekunden liegt, und so auch Rückschlüsse auf die Zielgruppe zuläßt. Durchschnittliche Einstellungslängen zeitgenössischer Filme liegen heute deutlich unter zehn Sekunden, und auf junges Publikum zugeschnittene Fernsehsender wie MTV oder VIVA warten sogar mit mehreren Schnitten pro Sekunde auf. Daraus darf geschlußfolgert werden, daß sich die Sendung nicht an Teenager wendet, sondern - ganz im Gegenteil - im Zeitalter der Fast-food-(Fernseh-)Produktionen den Anspruch verkörpert, sich konzentriert mit einem Thema auseinanderzusetzen. Diese Ernsthaftigkeit deutet wiederum auch auf die elitäre Ausrichtung der Sendung. In diesem Zusammenhang muß auch das Verhältnis zum Publikum beachtet werden, welches der Sendung beiwohnt. Die Akteure vor der Kamera präsentieren eine literarische Elite unter sich; es existiert keinerlei Blickkontakt zu den anwesenden Zuschauern, die wenn überhaupt, meist von hinten gezeigt werden. Ab und zu bestätigt ein Lacher aus dem Publikum die Unterhaltsamkeit des Vorgetragenen, nicht aber das literaturkritische Niveau: Hier prozessiert sich Literaturkritik vor allem selbst.

Den Versuch, Inhaltliches und Formales im wechselseitigen Einfluß zu betrachten, sollen die nachstehenden Grafiken unterstützen. Sie erfassen die formale Spannung während der Diskussion eines Buches, den gesamten zeitlichen Aufwand, den das Buch beansprucht, und letztlich seine Bewertung. Die ungekürzten Titel der besprochenen Bücher finden sich im Literaturverzeichnis.

Zur Darstellung der formalen Spannung wurde die durchschnittliche Einstellungslänge mit (-1) multipliziert; der Wert für die beanspruchte Zeit pro Buch ergibt sich aus der Addition von Buchvorstellung durch einen einzelnen und der anschließenden Diskussion. Die Einschätzung der Bewertung bleibt natürlich subjektiv, versucht aber, die Stimmen aller Kritiker gleichwertig zu berücksichtigen; der übersichtlicheren Abbildung wegen, wurden die vergebenen Schulnoten mit (-5) multipliziert.

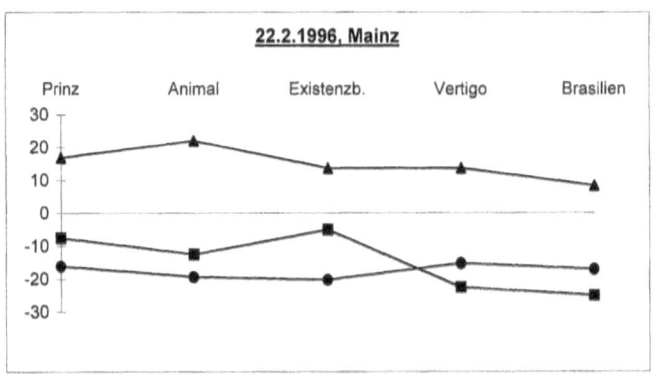

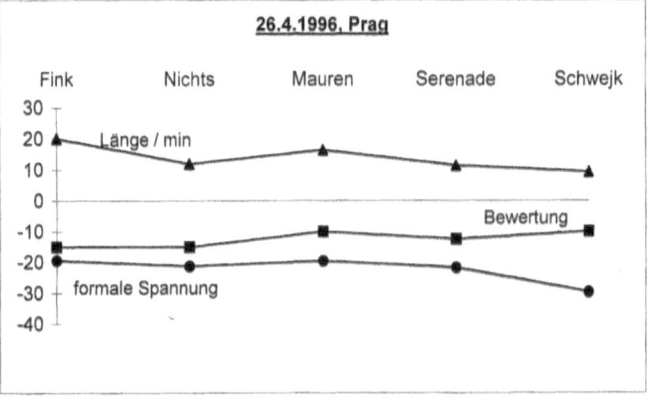

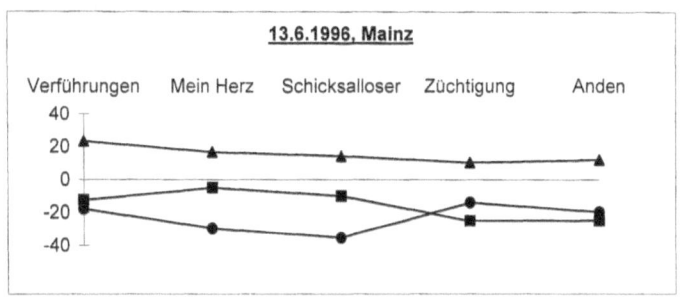
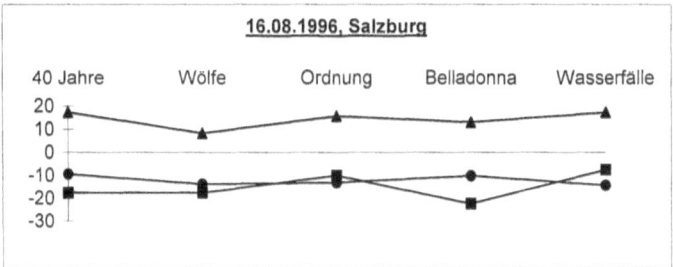
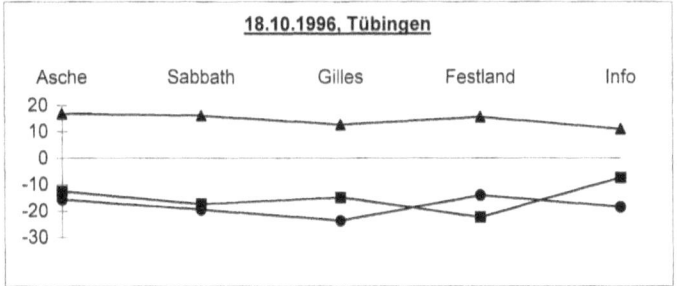
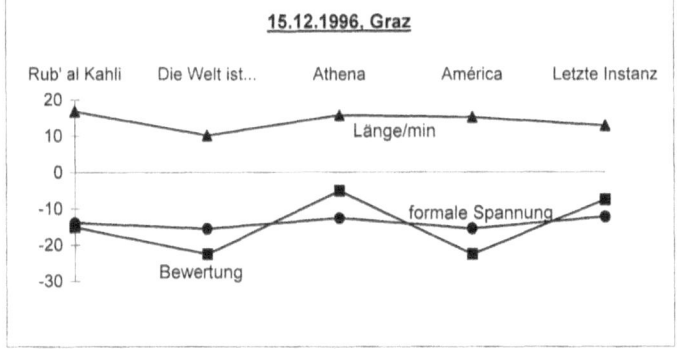

Folgende Zusammenhänge lassen sich demnach postulieren:

Die formale Spannung der Diskussion eines Buches und seine Bewertung verhalten sich etwa umgekehrt proportional, das heißt, eine gute Bewertung ersetzt - bezüglich der Aufmerksamkeit des Publikums - eine dynamische Diskussion mit kurzen Einstellungen. Hier ergänzen sich die Systembezüge. Entweder wird unter den Bedingungen der Massenmedien Interesse durch kurze Einstellungszeiten geweckt, oder die oben schon erwähnte fundierte Auseinandersetzung mit einem Buch geht zu Lasten der Schnittfrequenz, verweist dadurch aber auf die Referenzen zum Kunstsystem. Und schließlich verleiht eine intensivere Irritation durch längere Einstellungszeiten dem Vorgetragenen mehr Nachhaltigkeit, was auch dem wirtschaflichen Aspekt der Sendung Rechnung trägt.

Über das Verhältnis von Länge der Thematisierung eines Buches und seiner Bewertung kann keine Aussage getroffen werden. Manchmal einigt man sich schnell darüber, ob ein Buch gut oder weniger ansprechend ist, in anderen Fällen wird um das gleiche Ergebnis intensiv und lange gestritten. Ungünstig wirkt sich hier auch das Nichteinhalten des vorgegebenen Zeitrahmens für ein Buch aus. Vor allem zu Beginn der Sendung brauchen die Akteure oft etwas länger, um sich "warmzureden", was offensichtlich ein organisatorisches Problem darstellt und mit der Güte eines Buches nichts zu tun hat.

Länge und formale Spannung der Diskussion eines Buches verlaufen meist parallel, das heißt, Bücher, die alle Teilnehmer (positiv oder negativ) berührt haben, werden länger besprochen. Mit anderen Worten ist die Diskussionslänge ein Gradmesser für die Intensität eines Buches oder für die von ihm provozierte Polarisierung der Leserschaft.

Eine andere Möglichkeit der Wahrnehmungslenkung ergibt sich durch die Größe der jeweiligen Einstellungen. Die Sendung beginnt und endet mit einer Totalen, was dem Zuschauer einen Gesamtüberblick gewährt, der räumlichen Orientierung dient und Distanz zum Geschehen schafft. Im Verlauf des "Literarischen Quartetts" stehen die Einstellungsgrößen in enger Verbindung zu den Achsenverhältnissen von Handlung und Kamera, wobei sich Halbtotal- und Halbnaheinstellungen mit amerikanischen und

Naheinstellungen etwa im Verhältnis 1: 2 abwechseln. Bei den Halbtotalen überwiegt dabei eine rechtwinklige Positionierung der Kamera zur Handlungsachse, während bei Nahaufnahmen die Achsen in einem spitzwinkligem Verhältnis zueinander stehen oder parallel verlaufen.

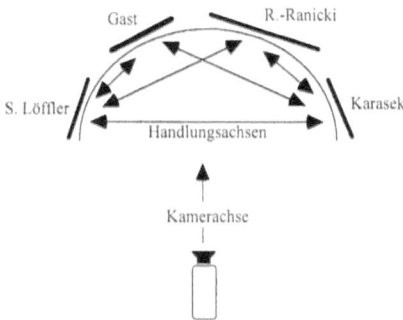

Abb.1: Achsenverhältnisse bei Halbtotal- und Halbnaheinstellung

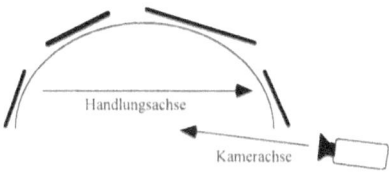

Abb.2: Beispiel für Achsenverhältnisse bei amerikanischer oder Naheinstellung

Auch hier wird die Wahrnehmung durch sich abwechselnde, einander widersprechende Gestaltungsmöglichkeiten gelenkt, um die Aufmerksamkeit des Zuschauers zu binden. Während die Nahaufnahmen Mimik und Gestik betonen und das Publikum durch die fehlende räumliche Distanz auch inhaltlich in das Geschehen einbeziehen, drängen die Halbtotalen den Zuschauer in eine Beobachterrolle, schließen ihn als nichtbeteiligten Dritten aus. Das Schuß-Gegenschuß-Verfahren wirkt in Verbindung mit den Naheinstellungen spannungsfördernd und begünstigt die emotionale Beteiligung des Publikums, während der rechte Winkel zwischen Kamera- und Handlungsachse eine große Distanz zwischen Handlung und Zuschauer schafft.

Unterbrochen wird dieses dramaturgische Wechselspiel von den Großaufnahmen der Bucheinblendungen, die der besseren Orientierung dienen, den späteren Zugriff erleichtern sollen und damit den Bezug zum Wirtschaftssytem herstellen.

Die dynamische Präsentation der Sendung erfolgt vor allem auf der Ebene der filmsprachlichen Gestaltungsmittel, was sich auch bei der Analyse der Kamerabewegungen zeigt. Das Verhältnis von räumlicher Veränderung des Gefilmten und Positionswechsel der Kamera wird von letzterem deutlich dominiert, denn raumgreifende Objektbewegungen werden durch die Ansiedlung aller Aktion innerhalb einer Sitzgruppe nahezu ausgeschlossen. Mit Fokus auf die Mimik der Akteure suggeriert die schwenkende Kamera, indem sie mit der Drehung in der Horizontalen Kopfbewegungen simuliert, die Beteiligung des Fernsehzuschauers und erhöht in schnittlosen Sequenzen die formale Spannung. Auch die Veränderung der Brennweite, der Zoom, trägt auf gleiche Weise zur Dynamisierung des Gefilmten bei.

Im Sinne einer Zwischenbilanz lohnte es sich, folgendes festzuhalten: Bei der Produktion des "Literarischen Quartetts" gelangen filmsprachliche Gestaltungsmittel gezielt zum Einsatz, um die Wahrnehmung des Zuschauers zu lenken. Innerhalb der fernsehspezifischen Präsentaion ergänzen sich verschiedene Systemreferenzen in Hinsicht auf die Erzeugung einer Formalspannung. Bezüge zum Kunstsystem, aber auch zur Wirtschaft sind nachweisbar, unterliegen aber ihrerseits dem Code der Massenmedien.

III.1.3. DIE KATEGORIEN "RAUM" UND "ZEIT" IM "LITERARISCHEN QUARTETT"

Zur differenzierten Betrachtung der räumlichen und zeitlichen Verhältnisse im "Literarischen Quartett" wird auf das Kommunikationsniveau-Modell von Kahrmann, Reiss, Schluchter[107] zurückgegriffen, das für diesen Zweck zwar auf die fernsehspezifische Situation einer Talk-Show

---

[107] Kahrmann, Erzähltextanalyse, S.135-163; die grafische Darstellung des Zeit-Modells ist im Anhang zu finden.

bezogen werden muß, aber dennoch gute Dienste leistet. Setzt man die Akteure vor der Kamera mit Erzählern gleich, lassen sich ausgehend von dieser Ebene (N2) Raum und Zeit genauer differenzieren.

III.1.3.1. RAUM

<u>Erzählter Raum (N1)</u>
Der erzählte Raum hängt vom Inhalt der thematisierten Bücher ab und wird von den Literaturkritikern durch Nacherzählung direkt dargestellt. So wie in der Literatur erzählte Räume einen Wirklichkeitszusammenhang zur geschilderten Handlung herstellen und diese dadurch rezipierbar machen, wirkt diese Rezeptionsführung bis in die Kritik des Erzähltextes weiter. Auch das Literarisches Quartett profitiert von der räumlichen Verankerung seiner Themen, die den Bezug zum Publikum erleichtert.

Eine geografische Einordnung der in den besprochenen Büchern dargestellten Handlungsräume belegt die Einbindung der Sendung in einen von zunehmender Internationalisierung geprägten Buchmarkt und bestätigt damit Literaturkritik als Teil des Wirtschaftssystems:

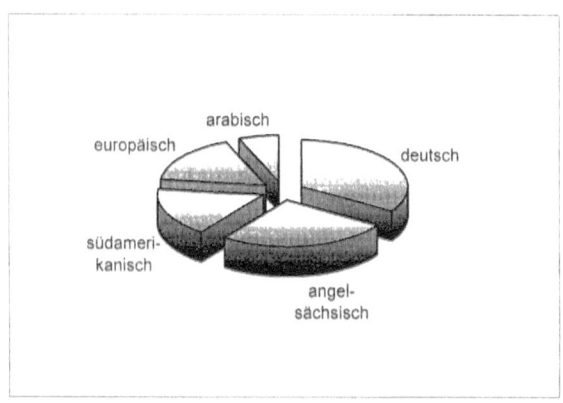

Abb. 3: Erzählte Räume im "Literarischen Quartett"

Erzählraum (N2)

Der Erzählraum erschließt sich mit der räumlichen Verankerung der Sendung selbst und wird - den Bedingungen des Mediums Fernsehen geschuldet - visualisiert. Dabei sind die geografischen Gegebenheiten der Ausstrahlungsorte von der konkreten räumlichen Ausgestaltung der Sendung zu unterscheiden.

Zunächst stellt der Vorspann einen optischen Bezug zur jeweiligen Stadt, aus der das "Literarische Quartett" gesendet wird, her, wobei die folgenden Gemeinsamkeiten auffallen: Die Ausstrahlungsorte befinden sich im deutschsprachigen Raum[108] und verkörpern als Universitätsstädte geistige und kulturelle Zentren. Neben der Erfüllung dieser Kriterien erhält Mainz durch zwei weitere Besonderheiten einen Sonderstatus: zum einen als Standort des Zweiten Deutschen Fernsehens und damit der Produzenten des "Literarischen Quartetts", zum anderen verweist Literaturkritik am Geburtsort und der Wirkungsstätte von Johannes Gutenberg auf ihre medialen Wurzeln.

Die Wahl der Ausstrahlungsorte stellt die Sendung also in die Tradition deutscher Kultur und verdeutlicht unübersehbar die Verbindung zum Kunstsystem. Daß die Bedeutungsgenerierung dabei den historischen Einflüssen unterliegt, denen Rezipienten und Produzenten der Sendung ausgesetzt sind, gilt ebenso für die Untersuchung der unmittelbaren räumlichen Einbettung der Sendung.

Das "Literarische Quartett" findet in Räumlichkeiten statt, die einen zeitgemäßen Umgang mit Literatur suggerieren. Die Sitzgruppe in schwarzem Leder mit Chromgestell strahlt edle Nüchternheit aus, die durch den bühnenbildnerischen Hintergrund und die gezielte Ausleuchtung vorherrschenden Blautöne verbreiten eine kühle Atmosphäre. Diese ausstattungstechnische Sachlichkeit unterstellt zunächst ein Bild von Literatur, dem jede Kulttendenz fehlt - hier werden Bücher als Instrumente begriffen. Im Gegensatz hierzu finden Bücher offensichtlich auch Verwendung als Statussymbole: als Hintergrund in realer oder dekorativ gestalteter Form symbolisieren sie kulturelles Kapital.

---

[108] Prag bildet insofern keine Ausnahme, als der Veranstaltungsort, das Goethe-Institut, explizit auf den deutschen Hintergrund verweist.

Zudem schafft die distanzierte Modernität einen ablenkungsfreien Rahmen für die intensive Auseinandersetzung mit literarischen Werken, was die oben schon erwähnte Ernsthaftigkeit der Sendung und damit wiederum ihren elitären Charakter unterstreicht. Das Selbstverständnis von Literaturkritik deutet sich auch durch die räumliche Erhöhung an - die Akteure sitzen auf einem Podest, was zum einen sicherlich praktischen Gesichtspunkten geschuldet ist, aber auch abgrenzend wirkt.

Raumkonzept (N3)
Die Gesamtkonzeption des Raumes geht auf die Darstellungsabsicht des Produzenten, in diesem Fall der "aspekte"-Redaktion des ZDF, zurück. Zur Realisierung dienen zwei Bezugsfelder: die zeitgenössische, gesellschaftlich geprägte Raumwahrnehmung und filmisch konventionalisierte Raumdarstellungen. Ersteres zeigt sich in der Wahl spezieller Orte mit explizitem Kulturbezug, die das "Literarische Quartett" als Teil des Kunstsystems identifizieren. Dies wird zum Teil von den filmischen Konventionen unterstützt: die Sendung findet in geschlossenen Räumen und damit in einer elitären Atmosphäre statt, aber auch konterkariert: die Normalperspektive bezieht den Zuschauer distanzlos in das Geschehen ein. Dieses Wechselspiel der räumlichen Konventionen erweitert Indentifizierungsmöglichkeiten ebenso wie die oben schon beschriebene Kameradramaturgie, erhöht die potentiellen Anschlußkommunikationen und steht damit im Dienst sowohl des Wirtschafts- als auch des Mediensystems.

III.1.3.2. ZEIT

Erzählte Zeit (N1)
Wie der erzählte Raum wird auch die erzählte Zeit maßgeblich durch die besprochenen Bücher bestimmt. Da zu den Auswahlkriterien ein aktueller Anlaß gehört, findet sich meist ein Bezug zum gegenwärtigen Geschehen. Bei der Untersuchung von erzählter Zeit sind drei miteinander verflochtene Ebenen zu unterscheiden:

1) der Zeitpunkt, zu dem das zu rezensierende Buch in deutscher Sprache erschienen ist,

2) der Zeitraum vor 1), der zur Beurteilung von Originalität und Vergleichen mit anderen literarischen Werken herangezogen wird, und

3) die Gegenwart, das Heute, das den Bezug zum aktuellen Zeitempfinden der Kritiker und der Rezipienten in den 90er Jahren herstellen läßt.

Den potentiellen Zeitraum des Erscheinungsdatums eines in der Vergangenheit verlegten Buches (und damit auch Punkt 2) grenzt Marcel Reich-Ranicki in der Sendung vom 16. August 1996 auf die Zeitspanne zwischen Fontane (1819-1898) und etwa 1960 ein. Dies wird in etwa auch vom Rahmen der Sendung gestützt, die mit Beethovens Streichquartett von 1804 beginnt und mit dem bei Brecht (1898-1956) entlehnten Zitat: "Und wieder sehen wir betroffen den Vorhang zu und alle Fragen offen." endet. Diese Einengung erzählter Zeit auf dem Zeitstrahl erscheint unter inhaltlichen Gesichtspunkten sinnvoll; markiert sie doch mit der ausgehenden Romantik vor allem das bürgerliche Zeitalter der Literatur und die beginnende Moderne mit zunehmender Individualisierungstendenz, was den Lesegewohnheiten und Erwartungen der Zuschauer am ehesten entsprechen dürfte und damit die Wahrscheinlichkeit von Anschlußkommunikationen erhöht. Somit kann die Festlegung der erzählten Zeit als Indiz dafür gelten, daß die Sendung in einen wirtschaftlichen Zusammenhang eingebettet ist. Aber auch den Bedingungen der Massenmedien wird auf diese Weise entsprochen, denn Romane und das Unterhaltungsangebot des Fernsehens zielen ja darauf ab, dem Leser Erfahrungen als eigene zu suggerieren, über die dann so kommuniziert werden kann, als ob man sie selbst gesammelt hätte.

Der aktuelle Bezug eines besprochenen Buches wird von vornherein berücksichtigt. Die ausgewählten Werke sind entweder gerade erschienen oder werden aus gegebenem Anlaß rezensiert, worunter Geburts- oder Todestage des Autors, Neuauflagen, Verfilmungen oder ähnliches fallen. Damit wird die Verankerung der Sendung im Kultursystem ersichtlich: Einerseits unterliegt die Bücherauswahl dem Einfluß von Öffentlichkeit und gegenwärtigem Kulturgeschehen, andererseits informiert die Sendung über kulturelle Ereignisse. So wird die Motivation, das "Literarische Quartett" anzusehen, verstärkt: Der Zuschauer kann der Sendung nicht nur das entnehmen, was ihn interessiert, sondern auch, was er in seinem Milieu wissen zu müssen glaubt. Die Aktualität verstärkt also die soziale Relevanz.

Dargestellte Zeit (N2)
Die dargestellte Zeit spiegelt sich in der Redesituation der Literaturkritiker und befindet sich chronologisch betrachtet nach dem Erscheinen der Bücher und meist auch mehrerer auf sie bezogenen Rezensionen, die oft ebenfalls in die Sendung einfließen. Diese Retrospektive des Wissenden verstärkt das kompetente Erscheinungsbild der Akteure.

Weiterhin wird die Rezeption des "Literarischen Quartetts" durch seinen Sendeplatz beeinflußt. Im Anschluß an die prime time kann in der Zeit von 22.^{15} bis 23.^{30} Uhr davon ausgegangen werden, daß weniger Gelegenheitszuschauer als Literaturinteressierte die Sendung rezipieren. Gestützt wird diese Überlegung durch die oben schon erwähnte Bertelsmann-Studie, derzufolge der bewußte Umgang mit dem Medium Fernsehen, ebenso wie das Vorhandensein von Büchern, in einem engen Zusammenhang mit dem Bildungsgrad steht.[109] Unter der Rubrik Informationsverhalten und Lesen ergab die Studie weiterhin, daß Feuilleton-, Geistes- und Kulturwelt- Interessierte ebenfalls intensive Buchleser sind.[110]
Die Eingrenzung der Zielgruppe durch den Sendeplatz wird auch von der Zeitorganistion des "Literarischen Quartetts" getragen: pro Buch stehen fünfzehn Minuten oder ein "akademisches Viertel" zur Verfügung.

Zeitkonzept (N3)
Das Zeitkonzept muß mit der durch das Medium Fernsehen geprägten Zeiterfahrung der Produzenten des "Literarischen Quartetts" in Verbindung gebracht werden. Innerhalb der Massenmedien tendiert das vorherrschende Zeitbewußtsein zu immer schnellerer Abfolge von ständig kleiner werdenden Zeitabschnitten. Wie schon oben zum Funktionssystem der Massenmedien ausgeführt, liegt dies in der Besonderheit des Codes Information/ Nichtinformation und dessen Verhältnis zur Zeit begründet. Durch den ständigen Zwang, Neues zu präsentieren, dafür aber Information in Nichtinformation umwandeln zu müssen, veraltet sich das System immer schneller.
Die überschaubare Zahl von sechs Ausstrahlungen pro Jahr und die bereits erwähnte hohe durchschnittliche Einstellungslänge können als Indizien

---

[109] vgl. Bertelsmann-Studie 1989, S.8.
[110] a.a.O., S.17.

dafür gelten, daß die "aspekte"-Redaktion sich mit der Produktion des "Literarischen Quartetts" von diesem Trend abhebt. Dies würde auch dem Selbstverständnis des ZDF im seit 1984 existierenden dualen Rundfunksystem entsprechen: Fernsehen wird hier innerhalb eines gesetzlichen Rahmens produziert, wobei zur publizistischen Grundversorgung Information, Bildung und Unterhaltung zählen. Die Programmherstellung zum alleinigen Zweck der Gewinnerzielung ist ARD und ZDF verboten. Auf der Basis von Landesgesetzen oder Staatsverträgen der Bundesländer gegründet, sind sie selbstverwaltete und dem Gemeinwohl verpflichtete Anstalten des öffentlichen Rechts, die die politisch bedingten Einschränkungen wirtschaftlichen Handelns durch einen Image-Gewinn auszugleichen versuchen: Das ZDF erfüllt mit einer Sendung wie "Das Literarische Quartett" einen öffentlichen Kulturauftrag.

Insofern verdeutlichen die Rahmenbedingungen der Sendung deren Verankerung im - seinerseits politischen Einflüssen unterworfenem - System der Massenmedien.

III.2. INHALTLICHE ASPEKTE

Zunächst erwartet man von einer literaturkritischen Sendung wie dem "Literarischen Quartett" einen hohen Anteil an literarischer Wertung. Die quantitative Auswertung des transkribierten Materials positioniert die bewertenden Elemente mit 25,3% allerdings erst an dritter Stelle nach der Darstellung von Buchinhalten (32,6%) und einer allgemeinen, die Moderation einschließenden, Diskussion (32,2%).
Persönliche Äußerungen der Kritiker - etwa zu eigenen Erwartungen an die vorgestellte Literatur oder emotionalen Reaktionen bei der Lektüre - fallen mit 5,5% kaum noch ins Gewicht. Wie wenig intersubjektiv nachvollziehbar die Literaturkritiker in diesem Fall vorgehen, belegen die folgenden Zahlen: Die Person des Autors wird nur zu 3,2% thematisiert, formale und ästhetische Gesichtspunkte finden bloß noch zu 2,9% Erwähnung. Und schließlich widerspricht die letzte Zahl der Auffassung, Literaturkritiker stünden im Dienste des Lesers: in 0,7% der gesamten Sendezeit wird versucht, zwischen der erörterten Literatur und den Erwartungen der Leser einen Bezug herzustellen.

Die folgende Übersicht verdeutlicht noch einmal die inhaltliche Gewichtung:

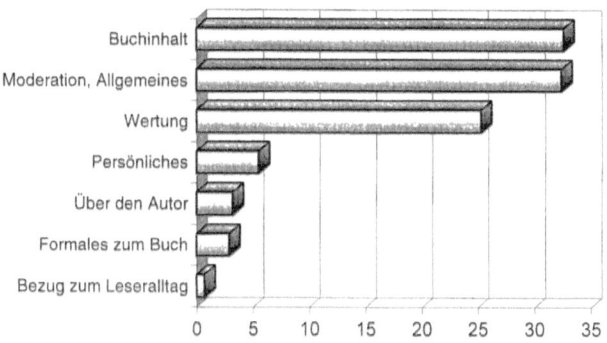

Abb.4: Inhaltliche Kategorien und ihre Anteile in %[111]

Die erheblichen Anteile des "Literarischen Quartetts" an Nacherzählung, allgemeiner Diskussion und literarischer Wertung rechtfertigen eine genauere Betrachtung dieser Kategorien in den folgenden Punkten.

III.2.1. DARSTELLUNG VON BUCHINHALTEN

Daß der Nacherzählung von Buchinhalten etwa ein Drittel der Sendezeit eingeräumt wird, widerspricht zunächst dem oben erarbeiteten, elitären Charakter des "Literarischen Quartetts". Ein Erklärungsansatz findet sich jedoch im Verhältnis von Kontinuität und Diskontinuität bei kommunikativen Prozessen: Systeme sichern ihr Fortbestehen durch das Generieren von immer neuen Anschlußkommunikationen. Die einzelnen operativen Elemente sind dabei extrem kurzzeitige Ereignisse, an die stets weitere Operationen angeschlossen werden müssen. Die Selektion dieser Anschlußoperationen erfolgt nach dem Sinn des agierenden Systems, nach

---

[111] Die Summe aller Angaben übersteigt 100%, da einzelne Aussagen mehreren Kategorien zugeordnet werden konnten.

dessen Struktur und der Irritation durch die Umwelt. Dieser fortlaufende Prozeß entsteht durch das Zusammenspiel von Kontinuität und Diskontinuität. Kontinuität bezieht sich auf die Selbstreferentialität des Systems und stellt ein Spektrum an potentiellen Operationen bereit. Die aktuellen Irritationen von außen erzeugen dagegen Diskontinuität und verhindern ein ständiges Zurückgreifen auf zwar schon erprobte aber eben nicht innovative Operationsabläufe.

Auf die oben genannten Überlegungen bezogen, kann vermutet werden, daß eine diskontinuierliche Irritation des Publikums durch das "Literarische Quartett" nicht ausreicht, um Anschlußhandlungen wie weiterführende Diskussionen außerhalb der Sendung oder den Erwerb von Büchern hervorzurufen. Wenn dem so wäre, genügte die Begrüßung der Zuschauer am Fernsehschirm durch Herrn Reich-Ranicki und die anschließende Bekanntgabe ausgewählter Buchtitel. Die Institution "Literarisches Quartett" hätte damit entschieden, welche einzelnen Werke als lesenswerte Literatur anerkannt werden, und damit für den Leser die soziale Sicherheit geschaffen, er bewege sich bei der Beschäftigung mit den genannten Büchern auf anerkanntem Territorium.

Offenbar muß aber das "System Mensch" ebenso mit Kontinuität ausgestattet werden, soll sich die Wahrscheinlichkeit von Anschlußkommunikationen erhöhen. Ein Vertrautwerden mit dem Inhalt eines Buches und Informationen über seinen Verfasser sind geeignet, auf bereits vorhandene, ähnliche Strukturen beim Zuschauer zu treffen und damit die selbstreferentielle Komponente des Operierens anzusprechen. Das "Literarische Quartett" muß also auf schon vorhandenes Wissen beim Zuschauer Bezug nehmen, wozu sich das Nacherzählen von Buchinhalten besonders gut eignet. Denn was für Literatur selbst gilt, bestimmt ebenso den Umgang mit ihr: Gerade wenn eine Geschichte als fiktiv erzählt wird, darf nicht alles fiktiv sein. "Der Leser muß in die Lage versetzt werden, sehr schnell ein zur Erzählung passendes, auf sie zugeschnittenens Gedächtnis zu bilden; und das kann er nur, wenn ihm in den Texten genügend ihm bekannte Details mitgeliefert werden."[112]

Auch wenn der Rezipient nicht selbst liest, sondern eine Buchvorstellung im Fernsehen verfolgt, zielt die Unterhaltung, gerade indem sie von außen

---

[112] Luhmann, Massenmedien, S.99.

angeboten wird, auf die Aktivierung von selbst Erlebtem, Erhofftem, Befürchtetem oder Vergessenem.[113]

III.2.2. DER KOMMUNIKATIVE RAHMEN

Alle Äußerungen, die thematisch nicht unmittelbar der Literaturkritik geschuldet sind, sollen hier unter dem Begriff des kommunikativen Rahmens zusammengefaßt werden, der - neben dem Anteil an Nacherzählungen - ein weiteres Drittel der Sendung beansprucht. Dazu zählen die Moderation und die Diskussion sehr allgemein gehaltener Themen ebenso wie unterhaltende Elemente.

Die Präsentation eines Buches gliedert sich in drei Abschnitte, in denen für die Akteure jeweils unterschiedliche kommunikative Regeln gelten. Während es unüblich ist, die Einführung und das Schlußwort zu unterbrechen, zieht die Debatte im Mittelteil ihre Spannung gerade aus der teilweise unorthodoxen Diskussionskultur. Hier wechseln sich druckreife Monologe mit wildem Gezank darüber, wer das Wort führen darf, ab. Dabei ist die Grenze zwischen einem ernsthaften Bemühen, zur Sache Gehöriges vorzutragen, und purer Unterhaltung fließend. Wenn beispielsweise Frau Löffler in der Sendung vom 13.6.1996 Herrn Reich-Rancki "eine typisch männliche Leseweise" vorwirft, um den Erzählstil des Streeruwitz-Buches zu verteidigen, kontert Ranicki auf amüsante Weise, er sei "nicht bereit zur weiblichen Sicht".
Auch mit Absolutheitsanspruch verkündete Behauptungen, die schon im nächsten Satz relativiert werden, bergen in sich komische Elemente, die für Abwechslung sorgen und die Aufmerksamkeit des Zuschauers fesseln. Weitere spannungsfördernde Stilmittel, die im "Literarischen Quartett" Verwendung finden, sind der durchgängige Gebrauch des Präsens, Wiederholungen und die Arbeit mit Vergleichen, die umso unterhaltsamer werden, je weiter sie sich vom eigentlichen Thema entfernen oder sogar in tabuisierte Bereiche eindringen, wie beispielsweise Ranickis Aussage, "die Beschreibung eines Koitus vom Physischen her sei nicht schwieriger als

---

[113] vgl. Luhmann, Massenmedien, S.109.

die Beschreibung, wie jemand einen Bleistift in ein Futteral steckt".[114] Auch rein rhetorische Fragen und sparsam dosierte Ironie verleihen dem Vorge-tragenen eine Leichtigkeit, die zusätzlich dadurch gestützt wird, daß die Behauptungen der Akteure im Augenblick der Ausstrahlung selten über-prüft werden können, da nur wenige Zuschauer die besprochenen Bücher bereits kennen.

Insgesamt kann festgehalten werden, daß die Variationsbreite innerhalb der Diskussion unterschiedliche Ordnungen und Komplexitäten erzeugt, die ihrerseits die Möglichkeiten von Anschlußkommunikationen erweitern.
Dabei verleiht der Live-Charakter der Sendung Authentizität. Daß Spickzettel nicht erlaubt, Ablesen und Zitieren unerwünscht sind, schafft Nähe zum Publikum und verstärkt den Eindruck informeller Kommunikation, für deren Funktionsverschiebung nicht zuletzt die gesamte Sendung steht.

Im Zuge der Ausdifferenzierung des Mediensystems wird informelle Kommunikation zunehmend von der Übermittlung von Informationsangeboten freigestellt und kann gerade deshalb als Meta-Kommunikation, als mediales Ereignis, das sich seinerseits mit Medien auseinandersetzt, in vielfältigen Formen zur Verfügung stehen.[115] Im Fernsehen läßt sich die Renaissance der informellen Kommunikation an der Ausstrahlung von Talkshows wie dem "Literarischen Quartett" verfolgen. Der informelle Kommunikationskanal wird von der schnellen, verbürgten und auf große Distanz operierenden Leistung der Informationsvermittlung entlastet und freigesetzt für eine metakommunikative Funktion des Räsonnements, der Wertung und der Kommentierung in Bezug auf massenmediale Angebote.
"Die Bewältigung des Informationsangebotes durch gesteigerte Selektivität und dafür entwickelte reflexive Strukturen ist jedoch nur ein Merkmal moderner Kommunikation. Ein weiteres, nicht weniger wichtiges liegt in der - durch Verfügbarkeit von Medien bedingten - immer stärkeren Verwendung fiktionaler Konstrukte - Konstrukte, die nicht wahrheitsfähig sind."[116] So werden im informellen Kommunikationsprozeß selbstver-

---

[114] Reich-Ranicki in der Sendung vom 26. April 1996.
[115] vgl. Merten u.a., Wirklichkeit der Medien, S.156.
[116] a.a.O., S.160.

ständlich fiktionale, nicht auf Authentizität prüfbare Strukturen wie Erwartungen oder Meinungen eingesetzt, die beim Rezipienten gewißheitsverstärkend wirken. Damit ist das "Literarische Quartett" auch als Antwort auf die durch die Ausdifferenzierung der Medien notwendig gewordene, gesteigerte Selektivität und damit als genuiner Bestandteil des Mediensystems zu verstehen.

III.2.3. EXKURS 2: WERTUNGSKRITERIEN DER LITERATURTHEORIE

Im Fremdwörterbuch des Dudens findet sich unter "kritisieren" folgender Eintrag:
[gr.-lat.-fr.]: *1. beanstanden, bemängeln, tadeln.*
2. als Kritiker beurteilen.

Seit 1730 - das Erscheinen von Gottscheds "Versuch einer Critischen Dichtkunst" wird allgemein als Beginn einer institutionalisierten Literaturkritik angesetzt[117] - entflammte immer wieder die Diskussion darüber, auf welcher Basis der Kritiker urteilen, welche Kriterien er zur Bewertung heranziehen soll. Dabei verdeutlichen die verschiedenen Auffassungen, die von der Aufklärung an über Klassik, Romantik, Realismus und Naturalismus bis hin zu Expressionismus und Neuklassik ausgetauscht wurden, wie sehr die Suche nach Normen, Gesetzen und Wertungen der jeweiligen historischen Situation unterliegt: Im Jahrhundert des Positivismus wurde beispielsweise von literarischen Werken vor allem Objektivität[118] gefordert, das heißt Klarheit bei der Darstellung von Personen und ihren Beziehungen, während die Klassik den 'Geschmack' ins Spiel brachte, ein Gefüge aus moralischen und ästhetischen Werten, die sich nicht mit der Wissenschaft in Verbindung bringen ließen.

Natürlich wird es an dieser Stelle nicht möglich sein, verbindliche Bewertungsmaßstäbe zusammenzustellen. Einige literaturtheoretische Diskussionsbeiträge der letzten 30 Jahre sollen aber verdeutlichen, daß immer

---

[117] vgl. Kienecker, Prinzipien literarischer Wertung, S.91.
[118] vgl. Barthes, Wahrheit. S.33f.

auch darum gerungen wurde, die beurteilende Literaturkritik mit nachprüfbaren Kriterien auszustatten.
1965 empfahl René Wellek, Literaturtheorie, die sich mit Prinzipien, Kategorien und Kunstmitteln befaßt, und Kritik als Erörterung literarischer Werke,[119] zu unterscheiden, zumal in Deutschland Literaturkritik von einzelnen Buchbesprechungen dominiert werde, in denen impressionistische Beschreibungen und willkürliche Geschmacksäußerungen vorherrschten. Für den Vergleich von Literatur und Leben benannte Wellek Wahrscheinlichkeit und Genauigkeit der literarisch dargestellten Situationen als Maßstäbe bei der die Beurteilung zeitgenössischer Romane.[120]
Zwei Jahre später, 1967, kritisierte Roland Barthes das Interesse der Literaturkritik am Evidenten, das zugleich normativ wirke. Indem er das Vorgehen der Kritiker überzeichnet darstellte, verdeutlichte Barthes die Enge des literaturkritischen Terrains: "Nichtübereinstimmungen werden zu Abweichungen, Abweichungen zu Fehlern, Fehler zu Sünden, Sünden zu Krankheiten, Krankheiten zu Ungeheuerlichkeiten."[121]
Die selbstgefälligen Praktiken von Literaturkritik provozierten immer auch die Frage nach ihrer Effektivität und gesellschaftlichen Relevanz, nach dem tatsächlichen Adressatenkreis und politischen Stellenwert, so zum Beispiel 1973 von Olaf Schwencke formuliert.[122] An gleicher Stelle forderten Peter Glotz und Wolfgang Langenbucher, Kritik solle für den Leser geschrieben werden und deshalb zuerst das Publikum über Inhalt und Form eines Werkes loyal informieren und erst daran eine persönliche Wertung anschließen.[123]
Das ungleiche Verhältnis literarischer und wirtschaftlicher Interessen thematisierte Lothar Baier 1973, indem er feststellte, literarische Kritik sei "machtlos gegenüber der Kritik durch die Auflagenziffer."[124] Allerdings schrieb er Literaturkritik die Funktion eines soziologischen Barometers zu: "Die Kritik, scheint mir, ist in der Lage, nicht exakt und wissenschaftlich objektiv, aber doch tendenziell und manchmal überempfindlich, anzuzeigen, was an Ideologien, Theoremen, Klischees oder neuen Stimmungen im

---

[119] Wellek, Grundbegriffe der Literaturkritik, S.33.
[120] ebd., S.210.
[121] Barthes, Kritik und Wahrheit, S.26.
[122] Schwencke, Kritik der Literaturkritik, S.11.
[123] Glotz / Langenbucher: Plädoyer für den Leser. In: Kritik der Literaturkritik, S.18.
[124] Baier, Strukurprinzip der Literaturkritik. In: Kritik der Literaturkritik, S. 29.

Umlauf ist, welche Verschiebungen an der Basis der intellektuelle Überbau zu reflektieren vermag."[125] Die Arbeitsweise des Kritikers wurde - Baier zufolge- vom Literaturwissenschaftler Gérard Genette mit der eines Bastlers, eines "bricoleur", verglichen: "Wenn er [der Kritiker] einen Roman in Einzelteile zerlegt, geht er nicht streng systematisch, sondern eher nach der Maxime vor: das kann man immer brauchen."[126] Die "bricolage" wäre demnach das Strukturprinzip der Kritik; kritisieren ist im Sinn dieses Ausdrucks zwar nicht zweckrationales, aber auch nicht als funktionsloses Handeln zu bestimmen.

Diesen Mittelweg bei der Funktionsbestimmung verließ Jost Hermand, der Kritik vor allem in den Bereichen eine Bedeutung zusprach, in denen keine schriftliche Fixierung von Kunst, wie beispielsweise bei Film und Theater, existiert.[127] Außerdem wies er auf die Orientierungslosigkeit von Kritik hin, die dadurch entstünde, daß Literatur nicht mehr nach bestimmten rhetorischen oder poetologischen Rezepten verfertigt würde.[128]

Den Aspekt der Personifizierung brachte u.a. Manfred Durzak in die Diskussion ein: Oft sei literarische Kritik das "salomonische Urteil eines etablierten Literaturkenners, der die Gültigkeit seines Spruches mit der Autorität seines Namens deckt."[129] Die Resonanz solcher Kritik hinge hauptsächlich von der Breitenwikung der genutzten Medien ab.

Dorothea Lutz-Hilgarth vermutete 1984, daß sich literaturkritische Interpretationen tatsächlich an der Publikumswirksamkeit orientieren könnten.[130] Dennoch dürfe das Grundanliegen feuilletonistischer Kritik nicht außer Acht gelassen werden; sie sei ein Instrument des Marktes und wolle in erster Linie zum Kauf eines Buches animieren.[131]

Verschiedenen Vorgehensweisen von Kritik beschrieb 1989 Heinz-Gerd Schmitz: Wenn Literatur im Dienst einer nicht-literarischen Instanz steht, beurteilt der Kritiker, inwieweit der Autor als Agent einer Philosophie, Religion oder Weltanschauung deren Ziele fördert.[132] Wird dem zu beur-

---

[125] Baier, Strukurprinzip der Literaturkritik. In: Kritik der Literaturkritik, S. 30.
[126] ebd., S. 31
[127] Hermand, Gebrauchswert der Rezension. In: Kritik der Literaturkritik, S.34.
[128] ebd., S.44.
[129] Durzak, Rezeptionsästhetik. In: Kritik der Literaturkritik, S.56.
[130] Lutz-Hilgarth, Literaturkritik in Zeitungen, S.41.
[131] ebd., S.78.
[132] Schmitz, Zensor, Kunstrichter usw., S.15 ff.

teilenden Kunstwerk Autonomie zugesprochen und unterstellt, es folge bestimmten Regeln, deren Einhaltung die Entstehung eines Kunstwerks garantiert, unterscheidet Kritik Literatur von Stümperei, wobei der Kritiker als Kunstrichter auftritt. Erst wenn dem Kunstwerk zusätzlich zur Autonomie auch zugestanden wird, es zeichne sich als Kunstwerk gerade dadurch aus, daß es keinen Regeln folgt, muß der Rezensent "kriterieninventiv"[133] auftreten. Erst bei dieser Literaturauffassung muß der Kritiker sein Auftreten legitimieren und seine Notwendigkeit unter Beweis stellen.

Daß ihm dabei ein definierter Kanon literarischer Qualitätskriterien in Form einer normativen Wertungstheorie[134] fehlt, wurde 1989 von Michael Kienecker beklagt. Dabei existierten durchaus 'objektiv' zu nennende Werturteile, die frei von persönlichen Neigungen oder Vorlieben gefällt würden.[135] Aufgabe der Literaturkritiker sei es, sich kollektiv über Prinzipien der Werturteilsbegründung zu verständigen und diesen den Charakter von Konventionen zu verleihen.

Den Aspekt der Vermittlung unterstrich 1995 nochmals René Wellek. Gerade unter den Bedingungen des sich differenzierenden Buchmarktes - die Leserschaft wird heterogen, die Beziehungen zwischen Dichter und Publikum indirekter - werde der Kritiker zu einem wichtigen Verbindungsglied.[136] Seine Aufgabe sei es, ein Kunstwerk vom Standpunkt unserer eigenen Zeit aus zu beurteilen und dabei die Vergangenheit im Sinne der Gegenwart umzuwerten.[137]

Ganz konkret wurden in der Diskussion um Literaturkritik aber auch Eigenschaften literarischer Werke formuliert, die im Sinne von Wertungskriterien die Arbeit des Kritikers bestimmen sollten. Dabei unterschied man meist zwischen wirkungs- und werkbezogenen Argumenten[138], die in der folgenden Übersicht zusammengefaßt werden und als Argumentationsgrundlage für das folgende Kapitel dienen sollen.

---

[133] Schmitz, Zensor, Kunstrichter usw., S.17.
[134] Kienecker, Prinzipien literarischer Wertung, S.10.
[135] ebd., S.79.
[136] Wellek/ Austin, Theorie der Literatur, S.102.
[137] ebd., S.44.
[138] vgl. z.B. Kienecker, Prinzipien literarischer Wertung, S.117f.

Wertungskriterien nach Kienecker:

wirkungsbezogen	werkbezogen
Kognitive Effizienz - Vermittlung von Aufklärung und Erkenntnis	**Poetisierung** -Verhältnis von Reflexion und Erzählung; keine behauptende oder diskursive Form, sondern Versinnlichung einer Botschaft; interessante Situationen, origineller Stoff
Affektive Effizienz - Teilnahme am Romangeschehen, Sympathie für den Helden, Ergriffenheit, Spannung, aber: keine normative Einforderung affektiver Effizienz	**Einheit** - Ist der Romantext unter einem Darstellungsziel zweckmäßig gefügt? - Sind unter diesem Ziel alle Einzelteile des Romans funktional triftig? - Findet der Roman einen Abschluß unter der gewählten Darstellungsart? - Einheit kann personal, aktional oder thematisch sein.
Ästhetische Effizienz - Wohlgefallen, Bewunderung, Genuß durch Schönheit formaler, sprachlicher oder inhaltlicher Aspekte	**Folgerichtigkeit** - transparente und zugleich kausale Determination der Handlung - Glaubwürdigkeit und Verständlichkeit des Romans - Ausschalten von Zufällen, Irregularitäten, unmotivierten Handlungen, Widersprüchen
	Wirklichkeitsnähe - Vergleich des fiktiv Dargestellten mit unserem empirischen Wissen - adäquate Repräsentation der Wirklichkeit

III.2.4. Bedeutung von literarischer Wertung für die Sendung

Wertende Aussagen beanspruchen im "Literarischen Quartett" etwa ein Viertel der Sendezeit. Dabei wechseln sich direkte Urteile (A) mit Bewertungen durch rhetorische Mittel (B) und indirekte Wertungen (C)[139] ab. Einige Beispiele aus den Sendungen des Jahres 1996 sollen dies verdeutlichen:

(A) - Es ist ein sehr witziges Buch, es ist ein sehr ironisches Buch.
  - Das ist eine Verarmung von literarischen Erzählweisen.
  - Dieses Buch ist ein Meisterwerk.

(B) - Das Buch ist auf sehr hohem Niveau mißlungen, nämlich auf Anden-Niveau.
  - Die Frage ist nur, muß ich Bücher lesen, die auf Hunderten von Seiten die Banalität des Lebens darstellen?

(C) - Ich hab' das Buch mit atemloser Spannung gelesen.
  - Wir dürfen ihr schon unterstellen, daß da eine Kunstanstrengung dahintersteht. - Anstrengung schon, aber nicht Kunst.
  - Wir müssen uns ja nicht einigen.

Während direkte Bewertungen wie unter (A) durch ihre Klarheit wirken, arbeitet die Kritik durch rhetorische Mittel (B) oft mit einer ironischen Distanzierung vom Werk oder reißt Zitate aus dem Zusammenhang. Indirekte Bewertungen äußern sich durch die Darstellung persönlicher Reaktionen oder den Verzicht auf eine zusammenfassende Bewertung. Wenn dem Autor eine gute Absicht unterstellt wird, kann dies als Indiz für eine betont negative Bewertung gelten.

Insgesamt kann festgestellt werden, daß eine wertende Äußerung neben ihrer inhaltlichen Wirkung immer auch Unterhaltungswert besitzt. Während das Nacherzählen von Buchinhalten eine gemeinsame Diskussions-

---

[139] Diese Kategorisierung bewertender Aussagen unterscheidet sich kaum von der für Zeitungskritik vorgenommenen Einteilung. Vgl. Lutz-Hilgarth, Literaturkritik, S.61.

basis schafft, die Akteure vor der Kamera also eher verbindet, sind Werturteile geeignet, die Kritiker in verschiedene Lager zu spalten, was die Spannung erhöht und die Aufmerksamkeit des Zuschauers fesselt.[140] Literarische Wertung fungiert als unterhaltendes Element, was nicht zuletzt durch die Überlegung gestützt wird, daß wirklich schlechte Bücher gar nicht erst in die Sendung gelangen, sondern schon die Tatsache, daß ein Werk im "Literarischen Quartett" besprochen wird, für Qualität bürgt. Werturteile statten die Sendung aber auch mit der Möglichkeit aus zu überraschen. Oft entwickeln sie sich aus der Diskussion und sind daher nur begrenzt vorhersehbar oder kontrollierbar. In Kombination mit der Live-Atmosphäre verleiht diese Eigendynamik der Urteilsfindung dem "Literarischen Quartett" Authentizität.

Welche Kriterien letztendlich für die Beurteilung eines Buches herangezogen werden, variiert nach Diskussionsatmosphäre und Thematik des zu besprechenden Werkes. Bei der Verhandlung extrem konträrer Standpunkte unterstreichen die Kritiker ihre Aussagen gern mit wirkungsbezogenen Argumenten: sie hätten das Buch mit Spannung gelesen (affektiv) oder die Lektüre genossen (ästhetisch). Die Beurteilung kognitiver Effizienz steht bei literarischen Werken im Vordergrund, deren Themen stark affektiv wirken (z.B. Holocaust) oder tabuisierte Bereiche berühren (z.B. Sex im Alter).

Die Beweisführung auf der werkbezogenen Ebene bedient sich aller im vorhergehenden Kapitel zusammengestellten Prinzipien, allerdings nicht im Sinne starrer Vorgaben, sondern eher als Möglichkeit, die Diskussion immer wieder neu zu beleben. Beispielsweise wird unter dem Aspekt der Folgerichtigkeit die Verwirrung auf formaler Ebene im Buch "Tod in den Anden" als negativ herausgehoben, während "Mein Herz so weiß" seine Spannung gerade aus der "mysteriösen"[141] Verflechtung der einzelnen Kapitel gewinnt. Oder ausgehend von der Frage, ob das Buch "Rub' al Kahli. Leeres Viertel" dem Prinzip der Einheit folge, also unter einer Darstellungsabsicht zweckmäßig gefügt erscheint, wird die Möglichkeit diskutiert, ob und inwieweit eine Habilitationsschrift gleichzeitig Belletristik sein kann.

---

[140] vgl. Kapitel III.1.1. Spannungserzeugung durch Konflikte.
[141] so Hajo Steinert in der Sendung vom 13.6.1996.

Einzig bei der Genrezuordnung wird ein allgemein verbindlicher Konsens zwischen den Akteuren angestrebt, und obwohl man sich nicht immer auf ein Gesamturteil einigt, wirkt das "Literarische Quartett" als Ganzes doch orientierend, indem es bereits vorhandene Strukturen beim Zuschauer bestätigt. Vielleicht liegt der Erfolg der Sendung gerade darin begründet, daß auf einschränkende Gesamturteile verzichtet und damit die Vielfalt möglicher Anschlußkommunikationen nicht begrenzt wird. Dem Rezipienten bleibt es überlassen, seine Wirklichkeitskonstruktionen, seine Vorstellungen von Literatur, bestätigt zu sehen. Das "Literarische Quartett" ermöglicht dies, indem es gleich zwei neuzeitliche kommunikative Konstruktionsmöglichkeiten anbietet: die Orientierung an der öffentlichen Meinung und die Erzeugung von Images.[142]

Vergleicht man unter einer konstruktivistischen Perspektive die Funktionen von Images und literarischer Wertung, lassen sich folgende Gemeinsamkeiten herausarbeiten:

1) Beide stellen konkrete Sachverhalte in allgemeineren Begriffen dar, indem sie strukturieren, kategorisieren und hierarchisieren.
2) Literarische Wertung und Images reduzieren Komplexität, indem sie Schemata bereitstellen.
3) Durch das Abnehmen der Selektionsleistung wirken Images und Literarische Wertung entlastend.
4) Beide geben Selektionssicherheit in Bereichen, in denen man über keine eigenen Kriterien verfügt und substituieren damit Geschmack.

Damit wäre die in der Einleitung gestellte Frage nach der Bedeutung der wertenden Sendungsanteile beantwortet: Werturteile unterhalten, verleihen Glaubwürdigkeit und geben eine Orientierung.

---

[142] vgl. Merten u.a., Wirklichkeit der Medien, S.200.

III.2.4. AKTEURE VOR DER KAMERA

In den vorangegangenen Kapiteln[143] wurde bereits einiges zur Rollenverteilung, über Rituale und Umgangsformen ausgeführt. Deshalb konzentrieren sich die folgenden Überlegungen überwiegend auf die systemtheoretische Bedeutung von Erwartungscollagen, die sich im Konstrukt der Person bündeln.

Anfangs bestand die Jury des "Literarischen Quartett" aus Sigrid Löffler, Hellmuth Karasek, Marcel Reich-Ranicki und Jürgen Busche, der bald als festes Mitglied ausschied. Inzwischen ist es zur Tradition der Sendung geworden, einen Gast einzuladen, der sich durch die Ausübung seines Berufes für die Teilnahme an einer literaturkritischen Diskussion hinreichend qualifiziert hat. Dabei wechseln sich Feuilletonisten und Historiker, Autoren und Germanisten, Kommunikationswissenschaftler und Vertreter anderer sich mit Literatur befassender Fachrichtungen ab. Neben der Präsentation des bewährten Dreiergespanns Löffler-Karasek-Ranicki bringt der Gast das Element des Neuen, des Überraschenden in die Sendung ein und zwingt damit auch die 'Profis', sich immer wieder neu auf ihre Gesprächspartner einzustellen. Auf diese Weise wird die Homogenität des beruflichen Hintergrundes - Frau Löffler, Herr Karasek und Herr Reich-Ranicki sind alle drei als Literaturkritiker und Feuilletonisten überregionaler Zeitungen tätig - aufgebrochen, werden neue Perspektiven in die Diskussion eingebracht.

Die tatsächlichen Diskussionsbeiträge der Gäste fallen allerdings qualitativ wie quantitativ sehr verschieden aus, weshalb keine verbindliche Aussage zur Rolle des Gastes getroffen und diese deshalb hier vernachlässigt werden kann. Setzt man die personenbezogene Redezeit der drei festen Jury-Mitglieder zueinander in Beziehung, ergibt sich die folgende Grafik:

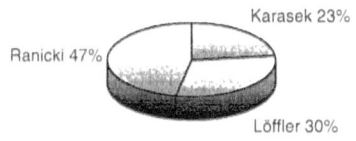

Abb.5: Verbale Präsenz

---

[143] vgl. Kapitel III.1.1. Aufbau und III.2.2. Der kommunikative Rahmen.

Die verbale Dominanz Reich-Ranickis wird auch durch seine physische Präsenz unterstrichen: Während die anderen auf Sesseln sitzen, nimmt er meist auf einem Sofa Platz. Offenbar ist dieses Ungleichgewicht gewollt, sonst hätte es im Laufe der Jahre eine Korrektur erfahren. Wie aber läßt es sich begründen?

Zwischen der Funktion literarischer Wertung und ihrer Präsentation existiert ein Zusammenhang. Wenn Literaturkritik orientieren und ihr Urteil für das Handeln der Rezipienten maßgebend sein soll, muß der Fernsehzuschauer der wertenden Instanz vertrauen. Dabei ergänzen die Prozesse des Wertens und Vertrauens einander: Auf der Anbieterseite entsteht durch die Reduktion von Komplexität eine Wertung, der auf Rezipientenseite vertraut wird, was wiederum eine Komplexitätsreduktion bedeutet. Und "tatsächlich arbeiten alle internen Prozesse - gerade darin besteht der Sinn der Differenz zwischen 'innen' und 'außen' - mit verminderter Komplexität".[144] Dabei ist Vertrauen keine simple Folgerung aus der Vergangenheit, sondern es überzieht die Informationen, die es aus der Vergangenheit besitzt und riskiert eine Bestimmung der Zukunft.

Wie oben bereits ausgeführt, ist das mediale Angebot für den einzelnen längst unüberschaubar geworden und die Kapizität einzelner Systeme, Erleben und Handeln zu seligieren, beschränkt. Vertrauen erschließt deshalb Handlungsmöglichkeiten, indem es das zum Entscheidungszeitpunkt benötigte Wissen dem Entscheidenden zur Verfügung stellt.

Nach Luhmann ist Vertrauen im weitesten Sinne Zutrauen zu den eigenen Erwartungen.[145] Was aber wird erwartet?

Hier kommt die Person als Erwartungscollage ins Spiel. Die Form "Person" wird von Luhmann als "individuell attribuierte Einschränkung von Verhaltensmöglichkeiten"[146] bestimmt. Dabei provoziert die "instabile, zirkuläre Notlage der doppelten Kontingenz"[147] das Entstehen von Personen und damit die Einschränkung des Verhaltensrepertoires. Personalität und damit Erwartungsdisziplin und Begrenzung der Verhaltensmöglichkeiten, regelt soziale Interaktion. Gerade weil vom Fernsehen geprägte

---

[144] Luhmann, Vertrauen, S.27.
[145] ebd., S.1.
[146] Luhmann, Die Form "Person", S.148.
[147] ebd., S.149.

Kommunikation auf Vermutungen über Einschaltinteresse und Akzeptanz beruht und ohne zeitgleiches feedback auskommen muß, besteht für Reich-Ranicki und seine Kollegen die Notwendigkeit, diejenigen zu bleiben, deren Rollen bereits etabliert und beim Zuschauer angenommen worden sind, um das Kommunikationsverhältnis zum Publikum nicht stören. Wie sehr dabei zwischen 'Mensch' und 'Person' unterschieden wird, läßt sich besonders gut an Reich-Ranicki verdeutlichen, obwohl dies natürlich auch für die anderen Akteure des "Literarischen Quartett" gilt.

Es existieren zahlreiche Artikel und ganze Bücher, die sich mit Marcel Reich-Ranicki befassen, wobei das Individuum Ranicki kaum thematisiert wird. Manchmal findet sich im Anhang eine Kurzbiografie, selten werden Lebensabschnitte skizziert, meist nur dann, wenn sie sich der Rolle des Literaturkritikers unterordnen lassen. Auch Ranicki selbst durchbricht dieses Muster mit seiner Autobiografie nicht. Obwohl mit vielen persönlichen Details ausgestattet, verstärkt „Mein Leben" das Bild von einem der Literatur gewidmeten Dasein.

Einige Eckpunkte seines Lebens seien hier nur kurz skizziert:[148]

Er wurde 1920 in Wloclawek, einer polnischen Kleinstadt geboren. Sein Vater war polnischer Jude, die Mutter deutsche Jüdin; beide und Ranickis Bruder wurden später als Juden ermordet. Reich-Ranicki besuchte in seiner Geburtsstadt die deutsche Volksschule, bis die Familie 1929 nach Berlin umsiedelte. Dort besuchte er verschiedene Gymnasien und wurde kurz nach seinem Abitur, im Herbst 1938, verhaftet und nach Polen deportiert.
Er lebte in Warschau, ab 1940 im Warschauer Getto, in dessen Verwaltung, dem "Judenrat", er als Übersetzer tätig war. 1943 gelang ihm gemeinsam mit seiner Frau, die er 1942 geheiratet hatte, die Flucht aus dem Getto, worauf er im Warschauer Untergrund lebte. Nach der Befreiung blieb er in Warschau und trat der Kommunistischen Partei Polens bei. 1946 gehörte er der polnischen Militärmission in Berlin an, 1947 arbeitete er im polnischen Außenministerium. In den Jahren 1948 und 1949 war er Konsul der Republik Polen

---

[148] teilweise übernommen aus Jensen: Über Marcel Reich-Ranicki, S.253ff; Sehr ausführlich beschäftigen sich Volker Hage und Mathias Schreiber in "Marcel Reich-Ranicki" mit dessen Biografie, und natürlich sei an dieser Stelle nochmals auf Ranickis Autobiografie „Mein Leben" verwiesen.

in London. Im Herbst 1949 bat er aus politischen Gründen um seine Abberufung und kehrte nach Warschau zurück. Er wurde sofort aus dem auswärtigen Dienst entlassen, aus der Partei ausgeschlossen, inhaftiert und einige Wochen in Einzelhaft gehalten. Danach wurde ihm jedoch erlaubt, in einem großen Warschauer Verlag ein Lektorat für deutschsprachige Literatur zu gründen und zu betreuen. Ende 1951 mußte er die Verlagsarbeit aufgeben und konnte sich nur noch als freier Schriftsteller betätigen: Er befaßte sich mit der Kritik der deutschen Literatur der Vergangenheit und der Gegenwart. Anfang 1953 untersagte das Zentralkomitee der Kommunistischen Partei weitere Veröffentlichungen; dieses generelle Publikationsverbot wurde Ende 1954 wieder aufgehoben.

Er schrieb Rezensionen und Essays, die in verschiedenen polnischen Zeitungen und Zeitschriften und gelegentlich auch in DDR-Zeitschriften gedruckt wurden, außerdem kritische Einleitungen und Vorworte.

Im Sommer 1958 hielt sich Reich-Ranicki zu Studienzwecken in der Bundesrepublik auf und kehrte von dieser Reise nicht mehr nach Polen zurück. Er lebte mit seiner Familie zunächst in Frankfurt, dann bis 1973 in Hamburg und seitdem wieder in Frankfurt/M. Er schrieb für die "FAZ" und "Die Welt" und war von 1960 bis 1973 ständiger Literaturkritiker der Wochenzeitung "Die Zeit". Von 1973 bis 1988 leitete er die Redaktion für Literatur und literarisches Leben bei der FAZ. Mittlerweile veröffentlicht er Literaturkritiken in "FAZ" und "Spiegel", ist als Redakteur der "Frankfurter Anthologie" tätig und genuiner Bestandteil des "Literarischen Quartetts".

Eigentlich wird aus seinem Lebenslauf nur zitiert, wenn es um Ranickis literaturkritische Äußerungen zu Themen des Dritten Reiches und der Judenverfolgung geht. Entweder, um seinen Äußerungen Glaubwürdigkeit zu bescheinigen oder ihn im Sinne von "er hätte es eigentlich besser wissen müssen" zu verreißen. Ansonsten befassen sich Texte über Marcel Reich-Ranicki eher mit seiner Rolle als Literaturkritiker und argumentieren kaum auf der Grundlage seiner Biografie oder seiner zahlreichen Veröffentlichungen. Nicht der Mensch, sondern die Person Ranicki steht im Mittelpunkt öffentlichen Interesses. Sie dient als Einheit für Handlungszurechnung.[149] Natürlich tut Marcel Reich-Ranicki auch selbst einiges, um seine Rolle als "antitheoretischer Pragmatiker"[150] zu fundamentieren. Dabei sind seine Auffassungen zur Literaturkritik kaum von seiner öffentlichen Rolle zu trennen, oder wie es Czernin beschreibt: "Hier hat ein Mann seinen Stil gefunden und ein Stil seinen Mann. Öffentliche

---

[149] vgl. Luhmann, Sozialsystem Familie. In: Soziologische Aufklärung 5, S.202.
[150] Czernin, Reich-Ranicki, S.18.

Rolle, Temperament und Schreibweise stimmen völlig überein."[151] Womöglich liegt darin ein Grund, weshalb Reich-Ranicki so überzeugend wirkt: er selbst ist von seinem Tun überzeugt.

"Um Kritik ausüben zu können, sollte eine Vorstellung davon vorhanden sein, wie Kunst wirkt und auf welche Weise sie rezipiert werden kann oder soll."[152] Für Ranicki besteht die Funktion der Literatur darin, "der Gegenwart, der Realität dieser Jahre beizukommen."[153] Er bevorzugt Anschaulichkeit, Plastizität der Figuren, Zeitgenossenschaft, Überprüfbarkeit der Erfahrung und Ökonomie der Mittel. Formalistische, innovatorische Schreibmethoden läßt er nicht gelten, radikale Autonomie- und Totalitätsansprüche literarischer Werke sind ihm fremd. Und so sieht er auch die Rolle der Literaturkritik eher pragmatisch: zum einen sei sie "ein Bekenntnis, dem sich mehr oder weniger genau entnehmen läßt, welche Art Literatur der Kritiker anstrebt und welche er verhindern möchte,"[154] andererseits soll sie "Nichtkönner abschrecken, die Mittelmäßigen zu Bedeutenderem nötigen, die Großen warnen und, vor allem, die Leser bilden."[155] Ranicki ist davon überzeugt, daß Kritiker "Erkenntnisprozesse und Entwicklungen anregen und einleiten, begünstigen und beschleunigen und freilich auch hemmen"[156] können. Im Kritiker sieht er den am deutlichsten wahrnehmbaren Repräsentanten der Umwelt des Schriftstellers.[157] Für die Erfüllung der selbst gesteckten Ziele bürgt er mit seinem Ruf als Kritiker: "Wer Kritik als Beruf ausübt, weiß genau, was für ihn unentwegt auf dem Spiel steht - sein Renommee und damit die Basis seiner Existenz als Schriftsteller. Er kann es sich deshalb nicht leisten, leichtfertig zu urteilen."[158] Daß trotzdem manchmal der Eindruck entsteht, er lasse sich zur Vergabe von ""Jahrhundertetiketten"[159] hinreißen, hängt mit seiner Arbeitshypothese zusammen. Für ihn gibt es "immer eine einfache Weise,

---

[151] Czernin, Reich-Ranicki, S.14.
[152] Irro; ...und wollten zueinander nicht finden. In: Über Literaturkritik. S.89.
[153] Reich-Ranicki, Verrisse, S. 42.
[154] ebd., S. 36.
[155] ebd., S. 24.
[156] ebd., S. 44.
[157] ebd., S. 21.
[158] ebd., S. 34.
[159] Dittberner, Über M.R-R., In: Über Literaturkritik. S.18.

etwas Komplexes auszudrücken"[160]; die seiner Meinung nach wichtigste Eigenschaft von Literaturkritik, die Klarheit, zwingt ihn, seine Wertungen in "zugespitzten Sentenzen oder Formeln auf den Punkt zu bringen." Diese sind oft "treffend und nicht selten außerordentlich witzig, und dieser Witz macht sich selten selbständig, sondern behält zumeist die legitime Funktion, ein überraschendes Licht auf die zu kritisierende Sache zu werfen."[161]

Marcel Reich-Ranicki will seinem Publikum aber nicht nur Literatur vermitteln, sondern es auch unterhalten. Dabei hat sich der ihm fehlende kritische Widerstand gegen positive oder negative Superlative als nützlich erwiesen. Es entsteht der Eindruck, daß Literaturkritik im Fernsehen nicht nur von Ranicki profitiert, sondern ihm im Gegenzug auch Möglichkeiten eröffnet, die ein feuilletonistischer Text nicht bieten kann. Auf visueller Ebene kann er sich durch Mimik und Gestik selbst kommentieren und interpretieren und agiert damit näher an der Wahrnehmung des Zuschauers. "Wenn das Schicksal gnädig ist, spielt sogar das Wetter mit. Einmal - es war im August 1993 - wollte Marcel Reich-Ranicki gerade wieder einmal kräftig über einen Roman von Martin Walser herziehen, als sich über der Stadt Salzburg, aus der - wie immer live - übertragen wurde, ein grimmiger Donner entlud. Sofort hob der Virtuose der Selbstinszenierung Hände und Gesicht gen Himmel und fragte die letzte Instanz: 'Man wird doch wohl noch etwas gegen Walser sagen dürfen?'"[162]

Gegner werfen Reich-Ranicki vor, er mache aus der Kritik von Literatur eine Show. Genau das erwartet sein Publikum aber von der Person des Literaturkritikers. Betrachtet man das Konstrukt Person als Bündelung von Attributionsmöglichkeiten, dann vereint Marcel Reich-Ranicki literarische Sachkompetenz mit unterhaltender Präsentation. Marcel Reich-Ranicki *ist* das "Literarische Quartett", was die anfangs gestellte Frage zu seiner Dominanz beantwortet. Sigrid Löffler und Hellmuth Karasek geben ihm dafür einen Rahmen.

---

[160] Czernin, Reich-Ranicki, S.12.
[161] ebd., S.7.
[162] Hage/ Schreiber, Reich-Ranicki, S.146.

IV. FAZIT

Anliegen der Arbeit war es, sich mit folgenden Fragestellungen auseinanderzusetzen:

- In welchen gesellschaftlichen Funktionssystemen operiert das "Literarische Quartett", wenn man die Sendung unter systemtheoretischer Perspektive betrachtet?
- Kann man heute noch von einer gesellschaftlich notwendigen Funktion der Literaturkritik sprechen, und wie könnte diese systemtheoretisch begründet werden?
- Welche Rolle spielen explizite Werturteile?

Über die Untersuchungsabschnitte hinweg konnten sowohl auf formaler wie auch auf inhaltlicher Ebene Bezugspunkte zu den Funktionssystemen Kunst, Wirtschaft und Massenmedien herausgearbeitet und sichtbar gemacht werden.

Dabei wurde im Laufe der Analyse zunehmend deutlich, daß das "Literarische Quartett" vor allem als Phänomen des Systems der Massenmedien begriffen werden kann.

Die fortschreitende Ausdifferenzierung des Mediensystems - innerhalb einer Generation steigt das Medienangebot um 4.000 Prozent[163] - fordert eine rigide gesteigerte Selektivität, "die typischerweise durch die Institutionalisierung einer reflexiven Struktur, nämlich durch die Verfügbarkeit von Meta-Medien erzeugt wird"[164] Das "Literarische Quartett" ist Ausdruck dieser wachsenden Tendenz von Medien, sich mit Medien zu befassen; es präsentiert einzelne Elemente des Buchmarktes und erzeugt damit die Illusion einer Übersicht.

Die Jury des "Literarischen Quartetts" trifft aber nicht nur eine Auswahl, sondern kommentiert diese auch durch explizit wertende Urteile. Literarische Wertung bildet einen festen Bestandteil von Literaturkritik, obwohl

---

[163] Merten u.a., Wirklichkeit der Medien, S.155.
[164] ebd.

für ihr Vorgehen verbindliche Maßstäbe fehlen, nach konstruktivistischer Auffassung gar nicht existieren können. Dies schließt nicht aus, daß die Handlungsmotivation des einzelnen Kritikers von anders gearteten Ansprüchen, Kritikauffassungen etc. getragen wird.

Die heutige **Funktion**[165] einer - literarische Wertung einschließenden - Literaturkritik hängt eng mit dem Verständnis von Literatur zusammen. Durch die Veränderungen des Gesellschaftssystems mußte der Staat den Führungsanspruch in der Sinnfrage aufgeben, und auch die Wissenschaft entfernte sich durch die Komplizierung der Kommunikation zunehmend von der Lebenswelt. Literatur versucht, dieses Sinnvakuum zu füllen, indem sie alternative Lebenskonzepte thematisiert. Wenn Literatur sich dadurch legitimiert, daß sie die Realität verdoppelt, daß sie unsanktioniert verschiedene Wirklichkeitsmodelle durchspielt, dann fungiert Literaturkritik als Instanz einer Realitätsabsicherung. So fiktional literarische Werke auch sein mögen, indem Literaturkritik sie aufgreift und in die Kommunikation einbezieht, werden sie mit einem Bezug zur Gegenwart ausgestattet, der ihre potentielle Wirkung in der Zukunft erst ermöglicht.

Betrachtet man die **Leistung** von Literaturkritik, kann festgehalten werden, daß verschiedene Teilsysteme der Gesellschaft von ihrer Verankerung im System der Massenmedien profitieren. Vor allem bei vom Fernsehen ausgestrahlter Literaturkritik dürfen die medial charakteristischen Mechanismen der Informationsverbreitung unterstellt werden. Einmal gesendet, erzeugt das "Literarische Quartett" eine Hintergrundrealität, die das Handeln in einigen gesellschaftlichen Teilsystemen beeinflußt: Buchhändler korrigieren ihre Bestellungen beim Verlag, Deutschlehrer aktualisieren ihr Unterrichtskonzept zur Gegenwartsliteratur. Buchbesprechungen wirken bis in private Reisepläne hinein und regeln damit soziales Verhalten.

Auf der Ebene der **Reflexion** trägt Literaturkritik dazu bei, die Autopoiesis des Systems der Massenmedien zu organisieren, indem sie die Wahrscheinlichkeit von Anschlußkommunikationen erhöht, und das in zwei-

---

[165] An dieser Stelle sei noch einmal kurz auf die 3 Systemreferenzen: Funktion, Leistung und Reflexion (s.o.) verwiesen.

facher Hinsicht. Erstens reduziert sie die Komplexität des neuen Kommunikationsangebotes soweit, daß die Gefahr einer kognitiven Überforderung der Rezipienten verringert wird. Zweitens steuert sie einem Informationsverfall entgegen, indem sie neue Bezüge zu älteren Ereignissen, wie beispielsweise vorangegangene Bucherscheinungen, herstellt.

Natürlich kommt die Bedeutung des "Literarischen Quartetts" auf den drei Referenzebenen nur zum Tragen, wenn die Sendung ihr Publikum findet. Und dies ist nicht nur eine logische Voraussetzung, sondern ein konkretes Erfordernis des Medienbetriebes. Nur eine akzeptable Einschaltquote sichert eine zukünftige Existenz, weshalb das "Literarische Quartett" über den Umweg der Unterhaltung letztlich doch für das Publikum produziert wird und neben informativen auch unterhaltende Elemente enthält. Der unterhaltenden Information, dem Infotainment, ist es beispielsweise auch zuzuschreiben, daß Marcel Reich-Ranicki jede Sendung mit dem gleichen Brecht-Zitat beschließt.

Damit bestätigt er - man darf mit Sicherheit unterstellen, daß er dies unbewußt tut - die eingangs angestellten Überlegungen zum Prozeß des Beobachtens. Ein anderer Beobachter hätte aufgrund seiner speziellen systeminternen Voraussetzungen möglicherweise anders beobachtet und wäre damit auch zu anderen Schlußfolgerungen gelangt. Unter diesem Gesichtspunkt gilt auch für diese Untersuchung:

"Und wieder sehen wir betroffen
den Vorhang zu und alle Fragen offen."

V. ANHANG

V.1. KOMMUNIKATIONSMODELL NACH KAHRMANN

Darstellung des Kommunikationsniveau-Modells nach Kahrmann am Beispiel der Zeit im Erzähltext

V.2. LITERATURVERZEICHNIS

V.2.1. SEKUNDÄRLITERATUR

Arnold, Heinz Ludwig(Hg.): Literaturbetrieb in Deutschland. Edition text+ kritik, München 1971.

Arnold, Heinz Ludwig (Hg.): Über Literaturkritik. text+kritik, Heft Nr.100.

Arnold, Heinz Ludwig (Hg.): Vom gegenwärtigen Zustand der deutschen Literatur. text+kritik Heft Nr. 113.

Barthes, Roland: Kritik und Wahrheit. Suhrkamp Verlag, Frankfurt/M. 1967.

Baumgartner, Alfred: Propyläen Welt der Musik: Die Komponisten: Ein Lexikon in 5 Bänden. Berlin, Frankfurt/M. 1989.

Bürger, Christa, Peter Bürger und Jochen Schulte-Sasse: Aufklärung und literarische Öffentlichkeit. Suhrkamp, Frankfurt/ M. 1980.

Czernin, Franz Josef: Marcel Reich-Ranicki. Eine Kritik. Steidl Verlag, Göttingen 1995.

Faulstich, Werner: Systemtheorie des Literaturbetriebs. Ansätze. In: Zeitschrift für Literaturwissenschaft und Linguistik 62 (1986), S.130.

Faulstich, Werner: Systemtheorie des Literaturbetriebs. Ergänzungen. In: Zeitschrift für Literaturwissenschaft und Linguistik 63 (1986), S.165.

Flacke, Michael: Verstehen als Konstruktion. Literaturwissenschaft und Radikaler Konstruktivismus. Westdeutscher Verlag, Opladen 1994.

Foerster, Heinz von: Wissen und Gewissen. Versuch eine Brücke. Suhrkamp Verlag, Frankfurt am Main 1996, 3.Aufl.

Hage, Volker und Mathias Schreiber: Marcel Reich-Ranicki. Köln 1995.

Hilbig, Wolfgang: Abriß der Kritik. Frankfurt 1995.

Infratest Medienforschung: Kommunikationsverhalten und Buch. Endbericht. Eine Untersuchung im Auftrag der Bertelsmann Stiftung. München 1978.

Jens, Walter (Hg.): Literatur und Kritik. Aus Anlaß des 60. Geburtstages von Marcel Reich-Ranicki. Stuttgart 1980.

Jessen, Jens (Hg.): Über Marcel Reich-Ranicki. Aufsätze und Kommentare. München 1994, 2. Aufl.

Kahrmann, Cordula, Gunter Reiß und Manfred Schluchter: Erzähltextanalyse. Frankfurt/M. 1991.

Kayser, Wolfgang (Hg.): Kleines literarisches Lexikon, 2 Bände, Bern / München 1961.

Kienecker, Michael: Prinzipien literarischer Wertung. Vandenhoeck & Ruprecht, Göttingen 1989.

Luhmann, Niklas (Hg.), Soziologische Aufklärung 2. Aufsätze zur Theorie der Gesellschaft. Opladen 1975.

Luhmann, Niklas (Hg.), Soziologische Aufklärung 5. Konstruktivistische Perspektiven. Opladen 1990.

Luhmann, Niklas (Hg.): Soziologische Aufklärung 6. Die Soziologie und der Mensch. Westdeutscher Verlag, Opladen 1995.

Luhmann, Niklas: Die Kunst der Gesellschaft. Suhrkamp Verlag, Frankfurt/M. 1995.

Luhmann, Niklas: Die Realität der Massenmedien. Westdeutscher Verlag, Opladen 1996, 2., erw. Aufl.

Luhmann, Niklas: Die Wirtschaft der Gesellschaft. Suhrkamp Verlag, Frankfurt am Main 1994.

Luhmann, Niklas: Ist Kunst codierbar? In: Schmidt (Hg.): Schön. München 1976.

Luhmann, Niklas: Vertrauen. Ein Mechanismus der Reduktion sozialer Komplexität. Stuttgart 1989, 3., durchgesehene Aufl.

Lutz-Hilgarth, Dorothea: Literaturkritik in Zeitungen. Dargestellt am Bsp. Gabriele Wohmann. Würzburger Hochschulschriften zur neuen deutschen Literaturgeschichte Bd.5, Verlag Peter Lang, Frankfurt/M. 1984.

Reich-Ranicki, Marcel: Lauter Verisse. Mit einem einleitenden Essay. München 1992.

Reich-Ranicki, Marcel: Die Anwälte der Literatur. Stuttgart 1994.

Reich-Ranicki, Marcel: Zwischen Diktatur und Literatur. Ein Gespräch mit Joachim Fest. Frankfurt 1993.

Saxer, Ulrich u.a.: Kommunikationsverhalten und Medien. Lesen in der modernen Gesellschaft. Eine Studie der Bertelsmann Stiftung. Gütersloh 1989.

Schmidt, Siegfried J.: Die Selbstorganisation des Sozialsystems Literatur im 18. Jahrhundert. Suhrkamp, Frankfurt am Main 1989.

Schmitz, Heinz-Gerd: Zensor, Kunstrichter und inventive Kritik. In: Schmitz, Egyptien, Neukirchen: Hat Literatur die Kritik nötig? Luchterhand, Frankfurt/ M. 1989.

Schwanitz. Dietrich: Systemtheorie und Literatur. Ein neues Paradigma. Westdeutscher Verlag GmbH, Opladen 1990.
Schwencke, Olaf (Hg.): Kritik der Literaturkritik. Kohlhammer GmbH. Stuttgart Berlin Köln Mainz 1973.
Seiler, Manfred: Wie man als Meister vom Himmel fällt. Vom Rezensenten zum eigentlichen Künstler. In: Die Zeit vom 11.10.1991 (Nr.42).
Wapnewski, Peter: Betriff Literatur. Über Marcel Reich-Ranicki. München 1995 (dtv 12016).
Wellek, René und Austin Warren: Theorie der Literatur. Athenäum Weinheim, durchgesehene Neuauflage 1995.
Wellek, René: Grundbegriffe der Literaturkritik. Kohlhammer GmbH. Stuttgart 1965.
Wellek, René: Kritik als Wertung. In: Gebhardt, P. (Hg.): Literaturkritik und literarische Wertung. Darmstadt 1980.
Wilpert, Gero von: Sachwörterbuch der Literatur. Stuttgart 1979.
Winckler, Lutz: Autor - Markt - Publikum. Zur Geschichte der Literaturproduktion in Deutschland. Argument-Verlag, Berlin 1986.

V.2.2. VERZEICHNIS DER 1996 IM „LITERARISCHEN QUARTETT" VORGESTELLTEN BÜCHER

Sendung vom 22. Februar 1996
Alan Isler: Der Prinz der West End Avenue.
Monika Maron: Animal triste.
Hanna Krall: Existenzbeweise.
Paul Auster: Mr. Vertigo.
John Updike: Brasilien.

Sendung vom 26. April 1996
Martin Walser: Finks Krieg.
Zoé Valdés: Das tägliche Nichts.
Salman Rushdie: Des Mauren letzter Seufzer.
Leon de Winter: Serenade.
Jaroslav Hašek: Die Abenteuer des braven Soldaten Schweijk.

Sendung vom 13. Juni 1996
Marlene Streeruwitz: Verführungen.
Javier Marias: Mein Herz so weiß.
Imre Kertész: Roman eines Schicksallosen.
Fleur Jaeggy: Die seligen Jahre der Züchtigung.
Mario Vargas Llosa: Tod in den Anden.

Sendung vom 16. August 1996
Günter de Bruyn: Vierzig Jahre.
Ludwig Harig: Wer mit den Wölfen heult, wird Wolf.
Antonio Lobo Antunes: Die natürliche Ordnung der Dinge.
Hugo Claus: Belladonna.
Heimito von Doderer: Die Wasserfälle von Slunj.

Sendung vom 18. Oktober 1996
Frank McCourt: Die Asche meiner Mutter.
Philip Roth: Sabbaths Theater.
Madeleine Bourdouxhe: Gilles' Frau.
Markus Werner: Festland.
Martin Amis: Information.

Sendung vom 15. Dezember 1996
Michael Roes: Rub' al-Kahli. Leeres Viertel.
Ilja Trojanow: Die Welt ist groß und Rettung lauert überall.
John Banville: Athena.
T.C. Boyle: América.
William Gaddis: Letzte Instanz.

www.ingramcontent.com/pod-product-compliance
Lightning Source LLC
Chambersburg PA
CBHW020131010526
44115CB00008B/1065